1938

Geheime Reichssache: Der Weg zur deutschen Atombombe

Uli Suckert
Jürgen Zboron

1938

Geheime Reichssache:

Der Weg zur deutschen Atombombe

Eine bibliographische Dokumentation zweier Hauptakteure, deren Spuren unter dem Tarnobjekt „Rübezahl“ vom Riesengebirge bis nach Hiroshima und Nagasaki zu finden sind.

WELTBUCH

IMPRESSUM

Um bequemes Lesen zu erlauben wurde von Fußnoten und Querverweisen abgesehen. Ardenne und Hahn Biografieangaben sind aus „Manfred von Ardenne – Sechzig Jahre für Fortschritt und Forschung“ (Verlag der Nationen) und aus „Otto Hahn – Stationen aus dem Leben eines Atomforschers“ (Klaus Hoffmann/Verlag Neues Leben) entnommen.
Allgemeine zeitgeschichtliche Tatsachen entstammen der Fachliteratur und Rerchen aus Stadt-, Staats-, Landes- und Bundesarchiven.

2. Auflage, 2017
Deutsch

www.weltbuch.com

ISBN 978-3-906212-07-4

Layout, Satz, Cover-Gestaltung: Dirk Kohl
Überarbeitungen: Jürgen Zboron

Titelfoto: Atombombentest „Romeo“ (Sprengkraft 11 Megatonnen TNT-Äquivalent) am 27. März 1954 auf dem Bikini-Atoll. Als ein Werk der US-Bundesregierung ist das Bild öffentlich. Quelle: https://de.wikipedia.org/wiki/Kernwaffe

INHALT

DIE ENTDECKUNG

Stündlich überprüften der promovierte Chemiker Otto Hahn und sein wissenschaftlicher Assistent Dr. Fritz Straßmann am späten Abend des 19. Dezember 1938 eine Versuchsanordnung in der radiochemischen Abteilung des Berliner Kaiser-Wilhelm-Instituts. Ein Irrtum war ausgeschlossen: Das Uranatom ist spaltbar!
Nobelpreisträger Otto Hahn – dessen Geburtstag sich im Jahre 2019 zum 130. Mal jährte – hatte zum ersten Mal in einem Versuchslabor eine atomare Kettenreaktion ausgelöst.

WETTLAUF UM PATENTE

Kurz vor Ende des Zweiten Weltkrieges spielte für die US-Boys auf dem europäischen Kriegsschauplatz die militärische Lage eine nur noch untergeordnete Rolle. Vielmehr begann ein regelrechter Wettlauf unter den Verbündteten, um das schnelle „einheimsen“ Deutscher Erfindungen und moderner Waffensysteme.
Spezialeinheiten mit Tarnbezeichnungen wie „Alsos“ (Der Codename „Alsos“ – griechisch für Haine, engl. „Grove“ (kleines Wäldchen) – wurde zu Ehren nach dem obersten Befehlshabers des US-Atomprogramms General Leslie R. Groves ausgewählt) und von „Ticom“ (Target Intelligence Committee) werden losgeschickt. Das Sicherstellen von Raketentechnik, Fernwaffen und Strahltriebwerken gehörte fortan bei der US-Army zum erweitertem Kampfauftrag.
Auch Verfahren zur Uran-Anreicherung, Schwerwasser-Herstellung oder Zündvorrichtungen für Atombomben und natürlich Uran selbst gelten als begehrte Kriegsbeute der Alliierten.
Aktuelle Quellen weisen darauf hin, dass erbeutetes Uranerz aus Schmiedeberg, heute Kowary in der Republik Polen, auch einen Anteil an der Hiroshima-Bombe hatte.

Nurflügel (Delta)-Bomber der Gebrüder Horten, der Höhenaufklärer DFS 346 (Versuchträger für Schallgeschwindigkeit aus den Siebel-Flugzeugwerken in Halle an der Saale), radarabweisende Beschichtung, neuartige Waffensysteme mit elektromagnetischen Schock-Impuls, geheime U-Boot- und Audiotechnik, alternative Antriebsarten, optische Messgeräte und die sogenannten V-2 Raketen aus der unterirdischen Waffenfabrik Dora Mittelbau bei Nordhausen gehörten zur gesuchten Kriegstechnik.
Westalliierte verhafteten u.a. die deutschen Atomforscher Otto Hahn, Kurt Diebner und Werner Heisenberg, man brachten sie über Belgien sofort zu dem geheimen britischen Landsitz Farm Hall.
Viele Raketenbauer aus Peenemünde, die so genannten Paperclip-Boys holte man samt ihrer noch vorhandenen Raketen umgehend in die USA.
Die Sowjets verpflichtete hingegen Ihre „menschliche Beute", die Wissenschaftler Manfred von Ardenne, Nikolaus Riehl, Gustav Hertz, Max Steenbeck, Max Volmer und Peter Adolf Thiessen zur Zwangsarbeit am Bau der russischen Atombombe und später an der Wasserstoffbombe.
Die deutschen Forscher wurden standesgemäß in einer Villa am Schwarzen Meer in der kaukasischen Teilrepublik Abchasien untergebracht. Ihre halbfreiwillige Mitarbeit dauerte gut zehn Jahre.

DIE LETZTEN KRIEGSWOCHEN

Die Rote Armee stürmt unter hohen eigenen Verlusten an Menschen und Material über die Seelower Höhen auf den Führerbunker in Berlin zu. Stalin will nicht nur als Erster in Hitlers Hauptstadt sein, sondern auch geheime Waffentechnik und wertvolles Forschungsmaterial (hauptsächlich waffenfähiges Uranoxid in Oranienburg) erbeuten.
Und dies trotz eines intensiven Bombardements der Amerikaner die mit ihrer Geheim-Operation „888" am 15. März 1945, um 15.45 Uhr

die Auer-Werke in Oranienburg mit ca. 600 amerikanischen Kampfflugzeugen angegriffen. Die Auer-Werke waren für die Amerikaner ein taktisches Vernichtungsziel bevor es die Russen erreichten. Hier starben auch über 700 Frauen aus dem nahen KZ. Viel Schaden richteten danach auch die mit Langzeitzünder versehenen Bomben lange nach dem Angriff an. Die Bomben gingen erst mitten beim Aufräumen hoch.
Die Sowjets verhafteten in Oranienburg Niklaus Riehl, Leiter der Uranproduktion in den Auer-Werken. Riehl hatte bei Otto Hahn promoviert und er bändigte das lose, leichtentzündliche Uran-Oxid zu einen festen Stoff, Würfel und Platten. Einen besseren Fang konnten die Sowjets hier nicht machen. Sie brachten Riehl sofort nach Friedrichshagen in eine NKWD-Villa zum Verhör.
Nach längerer sowjetischer Gefangenschaft wurde Nikolaus Riehl dann 1955 zum Professor in München ernannt und half beim Aufbau der westdeutschen Atomindustrie. Vor- und Nachkriegskarriere Hand in Hand. In Ost und West. Man schätzte sich unter Wissenschaftlern gern wechselseitig.
Zuvor kapitulierte kampflos Neustadt an der Orla. (Sonntag, 15. April 1945 gegen 8.30 Uhr). Sofort besetzten „gewiefte" US-Spürhunde der militärischen Geheimtruppe „Alsos" das Kernphysikalische Institut „Harrasmühle" im Orlatal. Es schien als hätte man schon fieberhaft auf diese Übernahme gewartet.

MYSTERIÖSER MÜHLENGRUND

Der Sowjetführung wurde es mehr und mehr suspekt, dass sich Hitlers Truppen gegenüber den Westalliierten immer öfter kampflos ergaben als gegenüber der Roten Armee. Stalins Soldaten galten im Nazireich als „minderwertige, nichtarische Untermenschen", gegenüber solchen Zeitgenossen durfte sich der „Deutsche Herrenmensch" eben nicht ergeben. Es dauerte auch nicht mehr lange, bis aus den von

der Weltanschauung her unterschiedlich aufgestellten Verbündeten, gleich nach Ende des Zweiten Weltkrieges, erbitterte Gegner wurden. Der ideologische Grabenkrieg zwischen den Westalliierten und Russland besteht bis zum heutigen Tag.
Im Institut „Harrasmühle“ wurde, wie der englische Geheimdienst herausgefunden hatte, seit einiger Zeit am Zündmechanismus für Atombomben geforscht. Die Amerikaner „sackten“ dann prompt ein was sie im sogenannten Objekt „Mühlengrund“ bei ihrer Eroberung zu fassen bekamen.
Am 1. Juli 1945 wurde ein Besatzerwechsel auf der Linie Sachsen, Thüringen und Mecklenburg vollzogen. Die britisch und amerikanisch besetzten Gebiete wurden bei den Sowjets gegen drei Sektoren von Berlin eingetauscht.
Amis und Engländer verließen stets mit reicher Kriegsbeute ihre eroberten Gebiete. Die Rote Armee übernahm anschließend englische und amerikanische Besatzungsstandorte in Mitteldeutschland.
In Neustadt an der Orla flatterten jetzt die Roten Fahnen. Starsand Strips und britische Nationalflaggen, waren eilig eingerollt worden. Neustadt an der Orla wurde zum neuen sowjetischen Garnisonstützpunkt.
Wieder traten die geheimen „Spürnasen“ auf den Plan, diesmal jedoch von der russischen Aktion „Nachlese“. Sie hofften vergessene, wissenschaftliche Unterlagen zu entdecken.
Wahrscheinlich aus purer Angst vor den Russen führte der damalige Besitzer der Mühlengebäude das Sowjetische Geheimkommando zu zwei großen Stahlschränken in ein verlassenes Nebenhaus. Hier fanden die NKWD-Agenten dann komplette Ringtrafos, Hochspannungselektrolyten und diverse Elektronenröhren sowie technische Zeichnungen.
Die meisten Dokumentationen und Zeitzeugenberichte enden alle damit, dass in Neustadt an der Orla, Wissenschaftler vom Stierstatt-Institut und vom Kaiser-Wilhelm-Institut am Zündmechanismus für Uran-Atombombe geforscht haben und das technische Konstruktionsprinzip dafür entwarfen.

Ein Blick durchs imaginäre Zeitfenster zwischen der Eroberung von Neustadt an der Orla und der atomaren Zerstörung von Hiroshima und Nagasaki lässt den Schluss zu, die USA haben den komplizierten Zünder für die Atombombe fix und fertig aus der „Harrasmühle" mitgenommen.

Staatliche Archive, die eine genaue Auskunft darüber erteilen könnten, unterliegen immer noch der hundertjährigen Sperrfrist, die bis in das Jahr 2045 hineinreicht.

Der abgelegene Mühlengrund, direkt an der Reichsbahnlinie Leipzig – Saalfeld gelegen, ist sehr geheimnisumwittert. Hier befand sich auf dem Areal der „Harrasmühle" ein spektakuläres Geheimlabor mit insgesamt etwa 33 Beschäftigten; davon 22 Wissenschaftler, 6 Laboranten und Zeichner sowie ein Techniker. Leiter der Forschungsstätte: Prof. Dr. Otto Hahn und als Abteilungsleiter fungierte Dr. Stierstadt. Das fest angestellte Personal des Instituts wohnte in den nahegelegenen Privatquartieren der Gemeinde Lausnitz.

Wenn Prof. Hahn im Mühlengrund zu tun hatte, war er, wie man sich im Ort erinnerte, oft zu Gast in der Landfleischerei der Familie List, am Ende des Mühlengrundes. Hier gab es täglich frisch zubereitete Mittagsgerichte. Seltene Genüsse zu Zeiten kriegsbedingter Lebensmittelzuteilungen.

Die Bezeichnung „Harrasmühle" ist auch der Objektname einer „geheimen Reichssache". In der ehemaligen thüringischen Mahlmühle, den Wirtschaftsgebäuden und in der gegenüberliegenden, einst beliebten Gaststätte, die vor dem Umbau „Herrenhaus" des Mühlenbesitzers war, beschäftigten sich knapp drei Dutzend Wissenschaftler mit besonders kriegswichtigen Forschungsaufgaben.

In der vor Luftangriffen ausgelagerten Forschungsstätte für Kernphysik des Kaiser-Wilhelm-Instituts und des privat geleiteten Instituts Dr. Stierstadt war man zwischen den Jahren 1943 bis 1945 unter ständiger Beobachtung alliierter Spione. Das Objekt „Harrasmühle" zählte mit zu den wichtigen alliierten Ausspähungsobjekten des Zweiten Weltkrieges.

Am 5. Dezember 1944 gegen 21.50 Uhr warf im Rahmen einer ausgeklügelten Geheimdienstaktion ein Bomber von der britischen Royal Air Force, eine schwere Luftmine auf die „Kernphysikalische Forschungsstätte Harrasmühle“ ab. Der spezielle Explosionskörper sollte per Fallschirm direkt ins Ziel gleiten. Er landete jedoch etwas abseits, hinter einem Berghang. In unmittelbarer Nähe der Forschungsstätte löste die Fallschirmbombe zwar lautstark, aber nahezu wirkungslos eine heftige Druckwelle aus. Am Zielobjekt „Institut“ entstand nur geringer Sachschaden. In den Ortschaften Neunhofen und Lausnitz wurden aber viele Fenster zertrümmert und Dächer abgedeckt.
Bis zur Kapitulation der Wehrmacht konnten die Wissenschaftler im Mühlengrund nahezu „ungestört“ forschen. Nach dem einmalig gebliebenen Bombenangriff wurde die Harrasmühle, einschließlich der Nebengebäude, postwendend von deutschen Soldaten und mittels Hilfe einer Flug-Leitstation der Luftwaffe rund um die Uhr gesichert.
Seit der Befreiung Deutschlands bemühten sich die Siegermächte vehement, die deutsche Wissenschaftsleistung und Ingenieurkunst nicht nur auf dem Gebiet der Atomforschung herunter zuspielen. Alliierte Beutezüge sollten im Nachhinein nicht bekannt werden.

VON KLEINMACHNOW NACH MOSKAU

Schon im ersten Kriegsjahr, am 26. September 1939 befahl das Reichskriegsministerium alle deutschen Kernphysiker nach Berlin und gab ihnen zu verstehen, hier eine zentral geführte Forschungseinrichtung für Kernphysik zu etablieren.
Alle in Frage kommende Forschungslabore und Institute aus Berlin, Hamburg, Göttingen, München, Leipzig, Kiel und Heidelberg wurden unter der Bezeichnung „Deutscher Uran-Verein“ in „Hitlers Reichshauptstadt“ unter ein gemeinsames Dach gestellt und überwacht. Zu den prominenten Wissenschaftlern gehörten Otto Hahn und Fritz Straßmann, des weiteren Kurt Diebner, Erich Bagge, Werner Heisen-

berg, Max Laue, Friedrich von Weizsäcker, Walter Gerlach. Robert Döpel und Paul Hartnek.

Bereits fünf Monate vorher, im April 1939 gab Paul Hartnek dem Reichskriegsministerium per Brief zu verstehen, „er empfehle den Baubeginn an einer deutschen Atombombe".

Robert Döpel und Werner Heisenberg bewiesen kurz darauf in Leipzig 1940/42 in der Versuchsreihe L-1 und L-2, dass durch eine Anordnung mit Uranpulver und schwerem Wasser eine Neutronenvermehrung stattfinden kann.

Innerhalb der Versuchsreihe L-IV ereigneten sich zwei Unfälle. Der Erste passierte beim Einfüllen des Uranpulvers. Ein Mechaniker wurde verletzt. Beim Zweiten musste die Leipziger Feuerwehr ausrücken: Nach öffnen eines Aluminiumdeckels trat eine Stichflamme aus dem Versuchskörper heraus. Die vorübergehende Wasserkühlung half nicht. Selbst Löschversuche mit Schaum von der Feuerwehr blieben erfolglos. Erst nach zwei Tagen kam die Reaktion im Kugelreaktor von selbst zum Stillstand.

Eine andere Forschungsgruppe unter Leitung von Manfred von Ardenne, die sich im mit der Atomspaltung befasste, stand unter der Schirmherrschaft des Reichspostministers Dr. Wilhelm Ohnesorge. Die Reichspost finanzierte damals parallel neben dem Ardenne Institut in Berlin-Lichterfelde eine eigene Reichspostforschungsstelle in der Hakeburg bei Kleinmachnow am Wannsee. Neben zwei sogenannten Reichsmietwohnungen befand sich hier ein geheimnisumwittertes staatliches Forschungsinstitut für „besonderen Aufgaben":

1. für die Entwicklung des Fernsehen;
2. für allgemeine Physik, Atomphysik, Optik, Akustik, Elektronik;
3. für Chemie und
4. für Sonderaufgaben für den Nazi-Vierjahresplan.

Mit den Mitteln der Reichspost und dem technischem Support von Kleinmachnow konnte Manfred von Ardenne völlig eigenverantwortlich zum wichtigen Thema Urananreicherung für Hitlers Postminister

forschen. Nach Kriegsende stellte Ardenne sein Wissen der Sowjetunion beim Bau der Wasserstoffbombe zur Verfügung.
Gleich nach der Befreiung Deutschlands von der Hitler-Diktatur wurde auf dem ehemaligen Reichspostareal Hakeburg am Berliner Wannsee die SED-Parteihochschule „Karl Marx" untergebracht.

AUGE UM AUGE

Als gegen Ende des Jahres 1942 die Luftangriffe auf deutsche Großstädte zunahmen, entschloss man sich in Hitlers Kriegsministerium wichtige Kernforschungseinrichtungen aus Berlin und anderen gefährdeten Städten in das weniger bedrohte Thüringen oder nach Süddeutschland zu verlagern.
In den letzten Kriegstagen, kurz vor der deutschen Kapitulation, zogen die Amerikaner unter dem Kommando ihres legendären General Georg S. Patton im Eiltempo besonders zielgerichtet nach Thüringen. Der Großraum Erfurt wurde jetzt hart umkämpft. Die SS-Truppen wehrten sich im Gegenteil zur Wehrmacht und Volkssturm fast immer bis zur „letzten Patrone". Fanatische SS-Kommandos verteidigten im sogenannten „Dritten Reich" ausnahmslos alle Geheim- und Sonderprojekte von höchster Dringlichkeitsstufe. Sie waren jedoch den an Material und Munition überlegenen US-Soldaten letztendlich unterlegen. Der Technische US-Militär Geheimdienst erbeutete zu dieser Zeit in der Harzer Kleinstadt Bleicherode auch 25.000 Blätter verborgene Konstruktionszeichnungen aus Peenemünde. Werner von Braun hatte sie hier in einem alten Bergwerksstollen verstecken lassen.
Unter dem Namen „Project Safehaven" wurden nach dem Sieg über Nazi-Deutschland schätzungsweise 1.800 Techniker und Wissenschaftler, darunter der Raketenbauer Wernher von Braun und etwa 3.700 Familienmitglieder seiner Mitarbeiter von den Amerikanern interniert.

Auch die Sowjets bemächtigten sich deutscher Wissenschaftler im großen Stil. Unter dem Decknamen „Operation Ossoawiachim" wurden dabei ca. 9.000 Wissenschaftler, Techniker einschließlich ihrer Familien vom sowjetischen Geheimdienst nach Moskau, hinter den Ural und ans Schwarze Meer zwangsverpflichtet. Manfred von Ardenne und ein Großteil seiner Institutsmitarbeiter stellten sich schon vor Beginn der Schlacht um Berlin unter die Obhut der Roten Armee.
Das Ardenne-Team kehrte wie viele andere Wissenschaftler und Kriegsgefangene erst 10 Jahre später wieder nach Deutschland zurück. Der adlige Baron und Forscher Manfred von Ardenne zog dann mit seiner Familie in die damals sowjetisch besetzte Zone nach Dresden auf den „Weißen Hirsch". In eine Villa hoch oben am linken Hang über der berühmten Elbbrücke Blaues Wunder die vom Schillerplatz zum Körnerplatz hinüber führt.

KATZE IM FISCHLADEN

Innerhalb der Allianz gegen Hitler wurde es zum Ende des Krieges deutlich, dass das Bündnis zwischen Amerika und Russland große Risse bekam. In den von Militärs eroberten Gebieten hatte jeder Machtblock für sich deutsche Waffentechnik beschlagnahmt und Wissenschaftler interniert. Die Großmächte trixten sich dabei oft gegenseitig aus. Denn Hitlers Militärtechnik war den meisten Alliierten Waffensystemen um gut 25 Jahre voraus.
Innerhalb eines großen Teils der amerikanischen Öffentlichkeit waren die Art der Erbeutung von Know-How und hauptsächlich die Immigration von Nazi-Forschern heftig umstritten. Über die sogenannten „Paperclip Boys" und die „Operation Overcast" schrieb die Wochenzeitung The Nation: „ … Wenn du den Kollektivmord liebst, aber deine Haut dir lieb ist, so werde Wissenschaftler mein Sohn! Das ist derzeit die einzige Möglichkeit ungestraft zu morden.

Bist du als Politiker Kriegstreiber, dann hast du neuerdings kein sicheres Spiel mehr. Verlierst du, hängen sie dich auf. Bis du General bist und besiegt wirst, erschießen sie dich. Bist du Industrieller kommst du ins Gefängnis. Nennst du dich aber Forscher, so wirst du, Sieger oder Besiegter, mit Ehren überhäuft …"
Der Volksmund erklärte dazu bildhaft: „Wenn eine Katze im Fischladen Junge kriegt, sind das noch lange keine Fische!"
Der normale Sowjetbürger zwischen Kiew und Nowosibirsk hingegen hatte von dem alliierten Technologiewettlauf und vom Kampf um deutsche Wissenschaftler keine Ahnung. Alle Fäden hierzu hielt der KGB stets fest in der Hand. Wenig gelangte vor und hinter dem „Eisernen Vorhang" an die Öffentlichkeit.
Der größte Einfluss deutscher Ingenieurkunst auf die Militärtechnik der Alliierten dokumentiert sich vor allem in der Flugzeug- und Raketenproduktion der Nachkriegszeit. So standen sich zum Beispiel 1950 im Koreakrieg mit der amerikanischen F-86 Sabre und der sowjetischen MIG-15 zwei Maschinen gegenüber, die das Tragflächenprofil der in Deutschland entwickelten Me-262 verwendeten. Auch die Erreichung der Schallgeschwindigkeit basiert auf Forschungsergebnissen und Technologieträgern aus Deutschland. Unzählige Versuchsträger und Konstruktionszeichnungen stammten aus den Instituten und Ingenieurbüros zwischen Braunschweig, Göttingen und Halle an der Saale. Vermutlich auch der Atombombenzünder und die Grundlagenforschung zur Wasserstoff-Bombe sollen auf dem Wissen aus deutscher Foschung basieren.
Das allein beim V-2 Raketen-Programm 20.000 Häftlinge umkamen ist in diesem Zusammenhang die große, dunkle Hypothek der Wissenschaft. Das furchtbarste Unglück und eine ständige Bedrohung für die Menschheit seit dem Zweiten Weltkrieg ist und bleibt der Einsatz der Atombombe als monströse Waffe.

ZAMZAM

Hauptstadt Damaskus. Jahreswechsel 2014/15. In Syrien, der ehemaligen Schnittstelle zwischen den frühen Hochkulturen Ägyptens, Kleinasiens, des Zweistromlandes und der Ägäis tobt ein Menschen verachtender Bürgerkrieg. Hundert tausende Bewohner aus dem ehemaligen Reich Davids und Salomons sind auf der Flucht und Präsident Baschar al-Assad will just seine eigene Atombombe bauen.

Unzugänglich in den Bergen versteckt soll sie in einer einsamen Gegend bei Homs entstehen. Codename: Zamzam! An diesem Geheimprojekt sind nordkoreanische und iranische Fachleute beteiligt. Streng bewacht wird die klammheimlich betriebene Bombenschmiede von der libanesischen Hisbollah Miliz, die Seite an Seite mit Assad kämpft. Während sich kurz vor dem Osterfest 2015 der Iran und die fünf UN-Vetomächte für ein ziviles Atomprogramm in Teheran verabreden, kommt es dazu verbal noch zum Showdown zwischen Scheichs und Mullahs im Jemen. Die Saudis, gefühlte Nachfolger von Ali Baba und den vierzig Räubern sind auf Krawall gebürstet. Sie wollen ebenfalls ihre Atombombe bauen. Geld genug haben sie ja, die Ölscheichs.

Mitte des Jahres 2015 wird nach 13 Jahren Verhandlung mit dem Iran ein Atomabkommen zur friedlichen Nutzung geschlossen. U.a. werden die zur Uran-Anreicherung nötigen Zentrifugen für die nächsten zehn Jahre drastisch verringert.

Deutschlands Außenminister Steinmeier (SPD) bezeichnete das Abkommen als „Signal der Hoffnung". US-Präsident Obama erklärte, Iran sei „jeder Pfad" zum Bau von Atombomben abgeschnitten. Israel nennt den Atom-Deal mit Iran einen „historischen Fehler".

Unter totaler Geheimnistuerei entstand Anfang der 40er Jahre auch das Kernforschungszentrum Los Alamos. Nicht einmal die Einwohner von New Mexico ahnten damals, woran die Wissenschaftler hier im öden Hochland arbeiteten.

„HINTER DIE FICHTE“ GEFÜHRT

Regionale Journalisten, die am Morgen des 6. Juli 1945 mit Berichten von Zeitzeugen über eine große Explosion im Sperrgebiet bombardiert wurden hat die Armee sofort gezielten Falschmeldungen ausgesetzt: „Ein Munitionslager mit hochexplosiven Sprengstoffen und pyrotechnischen Materialen sei im Bezirk der Alamogordo Air Base in die Luft gegangen“, hieß es. Und Tags darauf schrieben die Provinzblätter prompt: „Da auch „Gasgranaten“ explodiert seien, halte es die Armee für wünschenswert, „einige wenige Zivilisten aus ihren Häusern zu evakuieren“.
Das Geheimnis der amerikanischen Atombombe lüftete das US-Militär erst nach dem Abwurf von „Little Boy“ auf Hiroshima.
Ist im siebzigsten Jahr nach Abwurf der ersten beiden Atombomben über Hiroshima und Nagasaki nun der Nahe Osten die neue Zündschnur für die Apokalypse? Mögen zivilisierte Kräfte es verhindern. Die schreckliche Geschichte des Monsterbombenangriffs auf Japan von 1945 darf sich nicht wiederholen.

DIE SUPERSÜNDE

16. Juli 1945: Um genau 5:10 Uhr begann der Countdown. Robert Oppenheimer befand sich mit ausgesuchten Wissenschaftlern und US-Militärs im Bunker Süd-1000, der Kommandozentrale.
Auch die Beobachtungsbunker Nord-1000 und West-1000 waren genau zehntausend Yards, knapp neun Kilometer weit, von Point Zero entfernt. Über Kurzwelle standen alle Posten miteinander im Sprechkontakt. Über dem Testgebiet in New Mexico brummte eine mit Messgeräten vollgestopfte B-29 am Himmel. Kurz vor der Explosion sollte das Flugzeug Point Zero umkreisen und dann im Sturzflug vor der erwarteten Stoßwelle entfliehen: Als Generalprobe für den Atombombenabwurf auf Hiroshima.

„Null minus fünf Minuten“, verkündet die blecherne Lautsprecherstimme. Eine Leuchtrakete zischt in den Himmel. Schrill gellt eine Sirene über das Testgelände. Alle mussten die Schutzräume oder ihre Plätze in ausgehobenen Gräben einnehmen. Soldaten, auf dem Bauch liegend, die Augen bedeckt oder durch dunkle Gläser geschützt, die Füße nach Point Zero gerichtet, warteten ängstlich auf das unbekannte Inferno.
Fünf Sekunden vor Null begannen die automatischen Aufzeichnungskameras zu surren. „Ohne das geringste Geräusch“, so schilderte der Physiker Otto Robert Frisch als Augenzeuge, sei plötzlich eine neue Sonne aufgegangen, als hätte ein Gott sie angeknipst – vielfach heller als jene die unsere Erde bescheint. Als wäre der Planet geborsten und der Himmel gespalten, brach ein Feuerball hervor, dämonisch-schön in seinem wechselnden Farbenspiel. Einen gigantischen Vorhang aus Gesteinstrümmern und Staub mit sich reißend, nahm er bald kilometerweite Ausmaße an: Ein riesiger Vulkan tat sich auf, der alles Feuer aus dem Inneren der Erde in den Kosmos zu speien schien. Und das geschah bei gespenstischer, unheimlicher Stille.“
Etwa dreißig Sekunden später fegte die Druckwelle heran: ein anhaltendes Grollen. Der Boden vibrierte unter den Füßen wie bei einem Erdbeben. Allmählich verlor der Glutball sein Feuer und wuchs zu einem weit über zehn Kilometer hohen Rauchpilz empor.
„Als größtmögliche Annäherung an das jüngste Gericht“ empfand ein anderer Kernphysiker das apokalyptische Schauspiel. „Ich bin sicher, dass beim Untergang der Welt, in der letzten Millisekunde, der letzte Mensch das erblicken wird, was wir soeben gesehen haben.“
Seit in der menschenleeren Einöde New Mexicos der erste Atomblitz hinauf in die Atmosphäre zuckte, lässt sich die Angst vor atomarer Vernichtung aus unserem Alltag nicht mehr verdrängen. Schnell gelangte die „smoking gun“ der Amerikaner (der rauchende Colt) zum Monster eines neuen Machtmonopols auf der Welt. Der „Kalte Krieg“ zwischen den USA und der Sowjetunion begann 1945 mit dem Ab-

wurf der zwei US-Atombomben über Hiroshima und Nagasaki mit über 200.000 zivilen Opfern.
1947 verkündigt Außenminister Molotow: „Es ist bekannt, dass die Vereinigten Staaten von Amerika ihre Politik auf den Besitz des Geheimnisses der Atombombe gründen, obgleich dieses Geheimnis als nicht mehr bestehend angesehen werden kann." Mit Riesenschritten hat die sowjetische Atomforschung den Vorsprung der Amerikaner aufgeholt.
Der überraschende schnelle Verlust des US-Atombombenmonopols an die Sowjetunion löste im Amerikanischen Kriegsministerium eine regelrechte Panikstimmung aus. In den fünfziger Jahren erklärte der einst von den Amerikanern gefangen genommene deutsche Pionier der Atomforschung Otto Hahn in der dänischen Wochenzeitung „Politiken": „Der Weltfriede hänge auch davon ab, dass der Besitz von Atomwaffen auf die Großmächte beschränkt bleibe. Ein kleiner Hitler irgendwo auf der Welt könne die Menschheit ins Verderben stürzen."
Wie ernst die Situation heute noch ist, beweist der Konflikt zwischen Iran und Israel. Über ein halbes Jahrhundert nach Ende des Zweiten Weltkrieges sterben iranische Nuklearexperten im verdeckten Krieg, den Israel seit dem Jahr 2009 gegen Irans Atomprogramm führt: Ardeschier Hosseinpur kam in der Urankonversionsanlage von Isfahan durch ausströmendes Gas ums Leben. Der Grund: ein vermutlich durch Sabotage verursachtes Leitungsleck. Physiker Massud Ali-Mohammadi wurde im Januar 2010 in Teheran nahe seines Hauses durch eine ferngezündete Bombe getötet. Im November desselben Jahres befestigte ein vermummter Motorradfahrer mitten im Teheraner Hauptstadtverkehr eine Magnetbombe am Wagen des Neutronentransport-Experten Madschid Schahriari, er war sofort tot. Der Wissenschaftler Dariusch Resainedschad wurde im Juli 2011 per Kopfschuss eliminiert. Kurz zuvor kam einer der Jungstars aus dem iranischen Atomprogramm, Mostafa Ahmadi-Roschan, Direktor der Urananreicherungsanlage von Natans, ebenfalls auf unnatürliche Weise zu Tode.
Kaum jemand in Israel stellt diese völkerrechtlich äußerst zweifel-

hafte Liquidierung von Atomwissenschaftlern durch den israelischen Geheimdienst im Iran in Frage. Israels Premier Benjamin Netanjahu zieht sogar Parallelen zwischen der Beschwichtigungspolitik Europas gegenüber Adolf Hitler und der heutigen Situation: „Es ist 1938 und Iran ist Deutschland“ sagte er. Diesmal allerdings würden sich die Juden nicht als „Opferlämmer“ zur Schlachtbank führen lassen.

Es ist bestimmt ein illusorischer Weg bis zu dem Tag, an dem die Atombombe endgültig aus der Politik und dem Denken der Menschheit verbannt sein wird.

Oppenheimer, der „Vater der Atombombe“, der einst 1927 an der Georg August Universität in Göttingen promovierte, fand achtzehn Jahre später bei seiner Verabschiedung als Leiter des US-Manhattan-Projekts auf dem Los Alamos Plateau klare Worte der Mahnung und Warnung für die Zukunft der Völker in Bezug auf Atomwaffen: „Heute wird unser Stolz durch tiefe Sorge gemindert. Wenn den Arsenalen kriegführender oder sich zu Krieg rüstender Nationen Atombomben hinzugefügt werden, dann ist die Zeit nicht fern, da die Menschheit die Namen Los Alamos und Hiroshima verfluchen wird. Alle Völker dieser Welt müssen sich friedlich einigen oder sie werden untergehen. Diese Worte hat jener Krieg selbst geschrieben, in dessen Verlauf so viel von unserer Erde verwüstet worden ist. Dass jedermann diese Worte verstehen kann, hat die Atombombe deutlich gemacht …

Durch unser Werk stehen wir in einer hohen Pflicht, uns mit ganzer Kraft für eine geeinte Welt einzusetzen – angesichts des sonst drohenden gemeinsamen Untergangs. Dies ist unsere Verpflichtung – vor dem Gesetz und vor unserem Gewissen.“

Als Robert Oppenheimer, geboren 1904 in New York, seine Vorfahren stammten aus Deutschland, an der Universität von Princeton im Staate New Jersey zum Jahresende 1945 als neuer Institutsdirektor Einzug hielt, brachte er auch seine Atombombe mit; zumindest auf dem Papier. Die geheimen Unterlagen kamen in einen großen Tresor, vor dem Tag und Nacht ein US-Militärpolizist Wache stehen musste. Zu den Institutsangehörigen, die wegen dieser kriegerischen Präsenz

erschraken, gehörte auch Albert Einstein, der nimmermüde Mahner gegen das die Menschheit bedrohende atomare Wettrüsten.
Schon am 10. Oktober 1945 hatten Einstein, Literaturnobelpreisträger Thomas Mann und mehrere prominente US-Bürger in der New York Times die Politiker der Welt zum Umdenken aufgefordert: „Die erste Atombombe hat nicht nur die Stadt Hiroshima zerstört, sondern auch endgültig unsere traditionellen, längst überholten politischen Ideen. Wir müssen eine … weltweite, internationale Ordnung anstreben, die einen Atomkrieg verhindern hilft." Der Krieg gegen Hitler und Japan ist gewonnen – aber nicht der Friede", so die Mahner von damals.
Mit der Entdeckung des Phänomens der Radioaktivität durch Wilhelm Conrad Röntgen in seinem Würzburger Laboratorium begann eine neue Ära der Naturwissenschaften. Über ein Jahrhundert lang, in fast ununterbrochener Reihe folgten Entdeckungen von grundlegender Bedeutung: bis zu dem Schluss, dass die im Atom latent vorhandenen Energie im Vergleich zu der bei gewöhnlichen Umsetzungen frei werdenden Energie gewaltig sein muss. Die Nutzung ist bis heute zwiespältig geblieben, im zivilen Bereich ebenso wie bei der militärischen Nutzung.
Die meisten Forscher hatten keinen Einfluss auf die Nutzanwendung ihrer Entdeckungen. Sie wurden ausspioniert, abgehört, gekidnappt, interniert und zuletzt wie im Fall Iran sogar getötet. Die schnelle Schaffung des nuklearen Patts seit 1947 hat in den zurückliegenden Jahrzehnten einen nuklearen „Dritten Weltkrieg" zwischen den USA und der Sowjetunion verhindert.
Über den ersten zivilen Störfall in der Geschichte der Atomkraft vom 23. Juni 1942 berichten hingegen 70 Jahre später das Leipziger Stadtmagazin „Kreuzer" und die Hamburger Wochenzeitung „Die Zeit": Im Physikalischen Institut Linnéstraße explodierte der Reaktor L-IV. Zwanzig Tage lang war der Versuch L-IV am Physikalischen Institut der Universität Leipzig unauffällig verlaufen.
Um 15:15 Uhr sprühen Funken aus dem ersten funktionsfähigen deutschen Prototyp eines Atomreaktors, befüllt mit einer Dreivier-

teltonne Uran heizt sich die Versuchsanordnung bedrohlich auf. Die Professoren Heisenberg und Döpel eilen herbei, doch auch die beiden genialen Grundlagenforscher wissen keinen Rat. Schon donnert es dumpf, eine Feuersäule schleudert glühenden Uranstaub an die sechs Meter hohe Decke und erhitzt die „Uranmaschine“ auf 1000 Grad.
Die ganze Nacht hindurch explodierte es immer wieder, erst nach zwei Tagen kommt die Reaktion zum Stillstand. Den Atomphysikern Heisenberg und Döpel war in Leipzig gelungen, in einem Kernreaktor Neutronen zu vermehren, statt sie zu verbrauchen. Die Forscher wussten jetzt: Es ist möglich, Atomenergie zu erzeugen. Als das Ende des Zweiten Weltkrieges nahte, vernichteten die deutschen Forschungsinstitute eilig ihre Unterlagen. Was übrig blieb, beschlagnahmten die Amerikaner.
Der Vorfall in Leipzig geriet in Vergessenheit. Heisenberg ging 1942 als Direktor an das Berliner Kaiser-Wilhelm-Institut, heute bekannt als Max-Planck-Institut für Physik.
1945 verhafteten die Amerikaner Heisenberg in der Nähe der sogenannten „Höhlenforschungsstelle“ bei Haigerloch: Hier sollte die deutsche Uranmaschine im Bierkeller tief im Schlossberg endlich in Schwung gebracht werden. Zu diesem Zweck hatte man das verfügbare Material buchstäblich bis auf das letzte Stäubchen zusammengekratzt: 1,5 Tonnen Uran und knapp 2 Tonnen schweres Wasser.

DIE BÜCHSE DER PANDORA

Keine andere Entdeckung hatte je die wissenschaftliche Welt in Ost und West so schnell und tief greifend erregt, wie die Spaltung des Uranatoms. Auch hat es keine andere Entdeckung je gegeben, welche wie diese in die politisch-militärischen Machtverhältnisse eingriff. Der Abwurf der amerikanischen Uranspaltungsbombe „Little Boy“ über Hiroshima 1945 leitete auf grauenvolle Weise ein neues Zeitalter ein.

Die Entdeckung der Kernspaltung durch Otto Hahn und Fritz Straßmann im Dezember 1938 war das „Streichholz" zum Zünden des atomaren Feuers. Innerhalb des folgenden Jahres erschienen zum Thema „Kernspaltung" (Nuclear Fission) über hundert Veröffentlichungen. Jeder neue Beitrag aus Deutschland, den USA, Großbritannien oder Frankreich wurde von den Wissenschaftlern der übrigen Länder sofort aufgegriffen, mit eigenen Versuchen untermauert, weiter interpretiert und ausgebaut. Man hatte offensichtlich in der internationalen Gemeinde der Forscher keinerlei Geheimnisse voreinander. Vor und nach dem Ersten Weltkrieg bereiste man Kongresse und besuchte Universitäten in Ost und West zu Vorträgen und zum intensiven Meinungsaustausch.

Es gehörte Mut dazu, solche Experimente auszuführen, denn kein Mensch wusste damals, ob die Versuchsanordnung nicht in Sekundenschnelle in die Luft fliegen würde. Dann kam der 1. September 1939; es war ein schicksalhaftes Datum für die Atomphysik wie für die Politik, für die Völker der Welt überhaupt. An jenem Tag wurde durch den Überfall Hitlers auf Polen der Zweite Weltkrieg ausgelöst. Zwei Tage später befand sich Deutschland auch mit England und Frankreich im Kriegszustand. Von nun an senkte sich ein Schleier des Misstrauens über die zuvor so freizügig betriebene internationale Atomforschung. Unvermittelt brach der Kontakt von deutschen Wissenschaftlern zu ihren Kollegen im Ausland ab. Vor allem die aus Deutschland vertriebenen Forscher, die über die Aggressivität des Nationalsozialismus ein persönliches Zeugnis ablegen konnten, dachten mit Entsetzen daran, was es für die Menschheit bedeuten würde, wenn dieser Krieg mit Atomwaffen geführt werde. Denn genau das war nach der jüngsten Entwicklung nicht mehr auszuschließen. Mit Ausbruch des Zweiten Weltkrieges war deshalb ihr Denken und Handeln im Exil von einer beklemmenden Vorstellung beherrscht – Adolf Hitler könne zuerst in den Besitz der Atombombe gelangen!

Von der Entdeckung der Spaltung des Uranatoms bis zur Entwicklung neuer Superwaffen war es ein langer Weg durch die Geschichte der

Naturwissenschaften, über neue technische Entwicklungen, bahnbrechende Ideen und Entdeckungen.
Parallel zur militärischen Forschung wird im 21. Jahrhundert die friedliche Nutzung von Kernenergie in 30 Ländern betrieben. Zwischen Argentinien und China produzieren mittlerweile 432 Reaktorblöcke auf der Erde (Stand 2011) Atomstrom. Außerdem findet die Kerntechnik vielfältige Anwendungen in der Industrie, Medizin und Forschung.

VIER GLÜHLAMPEN

Ende 1951 erzeugte der Forschungsreaktor EBR-I im US-Bundesstaat Idaho erstmals elektrischen Strom aus Kernenergie und erleuchtete am 20. Dezember genau vier Glühlampen. Das erste Kraftwerk zur großtechnischen Erzeugung von elektrischer Energie wurde 1954 mit dem Kernkraftwerk Obninsk bei Moskau in Betrieb genommen. 1955 folgte das Kernkraftwerk Calder Hall in Engand auf dem Gelände des britischen Nuklearkomplexes Sellafield. In Deutschland wurde 1957 mit dem Forschungsreaktor München in Garching der erste Versuchsmeiler in Betrieb genommen. Nur sechs Wochen später erreichte der Kernreaktor der DDR in Dresden-Rossendorf seine Kritikalität. Der Rossendorfer Forschungsreaktor (RFR) war damals der zweite Atommeiler in Gesamtdeutschland.
Die militärische Seite dagegen testet bis ins Jahr 1996 die Sprengkraft neuer Superbomben. Mit der Explosion einer Plutoniumbombe in der Sahara ist Frankreich am 13. Februar 1960 in den Kreis der bis dato großen Atommächte, USA, Sowjetunion und Großbritannien eingetreten. Dies war die 211. Kernexplosion auf der Erde. In den fünf Jahrzehnten nach dem Zweiten Weltkrieg hat durchschnittlich alle neun Tage ein Atomwaffentest stattgefunden, bis 1996 durch die UN-Vollversammlung der Kernwaffenteststopp-Vertrag verabschiedet wurde. Für den militärischen Bereich wurden von Anfang an hauptsächlich

U-Boote, Flugzeugträger und Atomkreuzer mit Kernantrieb ausgestattet. Auf dem zivilen Sektor hat sich im Gegensatz dazu nur bei den russischen Eisbrechern der Atomantrieb durchgesetzt. Bereits 1968 wurde in der Bundesrepublik Deutschland der zivile Erzfrachter „Otto Hahn“ als nuklear betriebenes Forschungsschiff in Dienst gestellt und nach Beendigung des Versuchsprogramms auf Dieselantrieb zurückgebaut.

In Russland wird seit 2010 an einem ungewöhnlichen maritimen Projekt gebaut, dem größten schwimmenden Atomreaktor der Welt. Konstruiert zur externen Energieversorgung für die künftige Ausbeutung von Bodenschätzen im Eismeer.

Die „International Atomic Energy Agency“ (IAEA), 1957 gegründet, mit Sitz in Wien, kontrolliert seit 1968 die Einhaltung des Atomwaffensperrvertrages. Sie soll die weltweite Zusammenarbeit auf dem Gebiet der friedlichen Nutzung von Kernenergie und der Anwendung radioaktiver Stoffe fördern und gleichzeitig den Missbrauch dieser Technologie (Kernwaffen) durch Überwachungsmaßnahmen verhindern. Diverse internationale Verträge wie der Atomwaffensperrvertrag und das Atomhaftungsübereinkommen geben entsprechende Richtlinien vor. Doch Gegner der Kernkraft argumentieren, dass es nicht möglich sei, zivile und militärische Nutzung faktisch zu trennen.

Am Beispiel Iran erlangt die Aussage der Kernkraftgegner wieder brisante Aktualität: Ein Bericht der Atomenergiebehörde geht von glaubwürdigen Hinweisen aus, dass die iranische Regierung zumindest bis 2010 unerlaubterweise Pläne zum Bau einer Atombombe verfolgte. Kaum ein Thema hält die Sicherheitsexperten so in Atem wie der Iran, den Israels Präsident Shimon Peres als eines der „moralisch korrumpiertesten Regime der Welt“ bezeichnet. Den Iran angreifen oder nicht? Israel fürchtet dass die Zeit zu handeln bald abläuft. Militärgeheimdienstchef Aviv Kochavi präzisiert den Zeitrahmen: Wenn Religionsführer Chamenei den Befehl gebe, könne der Iran innerhalb von einem Jahr eine Atombombe bauen.

Im nordkoreanischen Yonbyon sollen jedenfalls bis zum Tod des Diktators Kim Jong Il im Jahre 2011 unter seinen Militärs heimlich eine Urananreicherungsanlage und ein neuer Reaktor gebaut worden sein. Das Regime in Pjöngjang hält die Atombombe offensichtlich für eine Art Lebensversicherung. Noch zu Lebzeiten reklamierte Kim Jong Il in der Staatspresse, Libyen habe einen großen Fehler gemacht, als es seine Atompläne aufgab; nur deshalb habe es die Nato gewagt, das Land zu bombardieren.
Die mittlerweile fünf klassischen Atommächte USA, Russland, China, Frankreich und Großbritannien haben alle ihre Produktion von waffenfähigem, spaltbarem Material eingestellt und verhandeln miteinander über die Reduzierung ihres Bombenarsenals.
Anders sieht die Situation hingegen in Pakistan aus. Das Land geht in Richtung Atomwaffenmacht und baut neue Nuklearwaffen, steigert die Plutoniumproduktion ebenso wie die Herstellung von hoch angereichertem Uran. Die Aufdeckung der Weitergabe von Informationen und Materialien zum Bau von Atomwaffen aus Pakistan, für die der Ingenieur A.Q. Kahn die Verantwortung übernommen hat, hat dem internationalen Ruf Pakistans außerhalb der islamischen Welt nachhaltig geschadet. Pakistan hat – wie Indien, Israel und die USA – den internationalen Atomwaffensperrvertrag nicht unterschrieben.
Der Iran gehörte übrigens zu den ersten Staaten, die 1968 den Atomwaffensperrvertrag mit unterzeichnet haben.
In Osteuropa steht bis zum Jahr 2020 ein aktuelles ziviles Kernenergieprogramm auf der Agenda. Es enthält insgesamt 28 potentielle Standorte, darunter in der Nähe von Görlitz und Zittau sowie nur 40 Kilometer Luftlinie von den deutschen Ostseebädern Heringsdorf und Ahlbeck entfernt. Auch die Europäische Union plant, wie EU-Kommissar Günther Oettinger Ende des Jahres 2011 erklärt, bis ins Jahr 2030 mehrere neue Kernkraftwerke zu bauen.
Oettinger sprach von mindestens 40 Reaktoren. Doch technologisch ist man im Bereich der friedlichen Nutzung künftiger Energiequellen bereits weiter: In Greifwald entsteht seit 2011 der Versuchsreak-

tor „Wendelstein 7-X“, in dem sich Wasserstoff auf hundert Millionen Grad erhitzt. Magnetspulen sollen das Plasma in der Schwebe halten – und so Bedingungen für eine Kernfusion wie auf der Sonne schaffen. Der Supergau (GAU: größter anzunehmender Unfall) von Tschernobyl 1986 und Fukushima 2011 führte zum Umdenken in der friedlichen Nutzung von Atomenergie. Nach der letzten Reaktorkatastrophe in Japan, verursacht durch Naturgewalten, stand der Atomausstieg besonders in Deutschland sehr schnell fest. Seither strebt Deutschland forciert auf das Zeitalter erneuerbarer Energien zu, Atomkraftwerke älterer Bauart werden ganz abgeschaltet – 73 Jahre nach Otto Hahns spektakulärer Entdeckung der Kernspaltung am Kaiser-Wilhelm-Institut in Berlin-Dahlem. Doch nach dem Atomausstieg setzt die deutsche Industrie weiter auf staatliche Hilfe beim weltweiten Bau von Kernkraftwerken. Der Bundesregierung liegen seit 2012 vier Gesuche für den Bau oder Ausbau von Anlagen in Finnland, Großbritannien, China und Indien vor.

DIE STRAHLEN

Es geschah am 8. November 1895. Der Physiker Wilhelm Conrad Röntgen experimentierte in seinem Würzburger Laboratorium mit Kathodenstrahlen, die durch elektrische Entladungen in hoch verdünnten Gasen entstehen. Röntgen arbeitete wie gewöhnlich in einem abgedunkelten Raum. Zu seiner größten Überraschung stellte er fest, dass einzelne Kristalle eines Fluoreszenzstoffes hell, der sich zufällig und weitab von der mit schwarzem Papier umhüllten Gasentladungsröhre auf einem Labortisch befand, aufleuchteten. Diese Kristalle mussten von einer unsichtbaren Strahlung getroffen worden sein.
Wie der Forscher bald herausfand, handelte es sich um „Eine neue Art von Strahlen“ (so der Titel seiner Arbeit vom 28. Dezember 1895), die sekundär aus der Kathodenstrahlung entstanden waren. Sie hatten die bemerkenswerte Eigenschaft, Stoffe anscheinend ungehindert

zu durchdringen. So konnte Röntgen die Knochen seiner Hand erkennen, als er diese auf die Röhre legte. Die rätselhaften X-Strahlen, bereits 1896 nach ihrem Entdecker Röntgenstrahlen benannt, zogen sofort die ungeteilte Aufmerksamkeit der Wissenschaftler auf sich. Forscher in aller Welt versuchten nun fieberhaft die Rätsel zu lösen, die ihnen diese Kathoden- und Röntgenstrahlen aufgaben. Joseph J. Thomson von der Universität Cambridge konnte 1897 nachweisen, dass die Kathodenstrahlen aus einer Unzahl kleiner Korpuskeln negativer Ladung bestehen. Später bürgerte sich dafür die Bezeichnung Elektronen ein. Thomson fand heraus, dass sich diese elektrisch geladenen Teilchen mit großer Geschwindigkeit fortbewegen. Am meisten überrascht waren die Wissenschaftler davon, dass die scheinbare Masse der Elektronen fast zweitausend Mal geringer war als die des leichtesten Atoms, des Wasserstoffatoms. Bisher glaubte man, dass das Atom der kleinste Baustein der Materie sei. So suchte man eifrig nach weiteren unsichtbaren Strahlen, die sich bisher den Blicken der Forscher entzogen haben konnten.

In Paris experimentierte der Physiker Henri Becquerel mit Uranpräparaten. An diesen Substanzen wollte er prüfen, ob die Fluoreszenz, die von Uransalzen nach Bestrahlen mit Licht ausgeht, auch „eine Art von Strahlen“ sei. Erst eine zufällige Entdeckung brachte ihn auf die richtige Spur. Am 1. März 1896 wollte der französische Forscher seinen entscheidenden Versuch durchführen.

Vorsichtshalber entwickelte er eine der mit dem Uransalz zusammen in einem dunklen Schubkasten abgelegten Fotoplatte. Zu Becquerels Verblüffung wies die entwickelte Platte eine deutliche Schwärzung auf und zwar ausgerechnet an jener Stelle, wo das Uranpräparat gelegen hatte. Die fotografische Platte musste von Strahlen des Uransalzes ohne jegliche Lichteinwirkung geschwärzt worden sein. Bald bestätigte sich, dass auch metallisches Uran diesen „radiografischen Effekt“ zeigt. Für diesen typischen Strahleneffekt des Urans prägte man den Begriff „Radioaktivität“. Uran ist bereits im Jahre 1789 durch den deutschen Chemiker und Apotheker Klaproth entdeckt worden. Bis

auf die Verwendung in der Glas- und Porzellanfärberei, später in der Fotografie, hatte man über hundert Jahre lang mit dem Uranmineral nichts Rechtes anzufangen gewusst.
Zwei Jahre nach Becquerels Endeckung, im April 1898, teilte seine Schülerin, die aus Polen stammende Marie Curie-Sklodoswka der „Acadèmie des Sciences“ in Paris mit, dass nicht nur Uran, sondern auch das zweitschwerste Element, Thorium, diese rätselhaften Strahlen aussende, also ebenfalls radioaktiv sei. Dann machte Marie Curie noch eine bedeutsamere Entdeckung. Natürliche uranhaltige Mineralien wie Pechblende waren weit stärker radioaktiv, als aufgrund ihres Urangehalts eigentlich zu erwarten war. Bisher war die Pechblende von den Bergleuten nicht gern gesehen worden, denn ihr Auftreten zeigte eine starke Verarmung der Silberzugänge an. Als nutzlos hatte man dieses schwarze Mineral auf die Halde geworfen.
Gemeinsam mit ihrem Mann Pierre Curie gelang Marie im Jahre 1898 der physikalische Nachweis zweier neuer chemischer Elemente. Erst Jahre später isolierte sie aus insgesamt einer Tonne Rückstände, die bei der Verarbeitung der Joachimsthaler Uranpechblende anfielen, einige Milligramm Salze dieser chemischen Grundstoffe. Das Ehepaar Curie nannte diese Elemente Polonium und Radium.
Für ihre Leistungen auf dem Gebiet der radioaktiven Forschung wurden Becquerel sowie Pierre und Marie Curie mit dem Nobelpreis für Physik des Jahres 1903 ausgezeichnet. Den ersten Nobelpreis für Physik überhaupt hatte Röntgen im Jahr 1901 erhalten.
Die Experimentalwissenschaftler der damaligen Zeit mussten parallel zu ihrem Wissen auch über handwerkliche Fähigkeiten verfügen. Physikalische Geräte waren so gut wie nicht im Handel, sie wurden meist eigenhändig hergestellt. William Ramsey verwendete zum Beispiel eine leere Ölkanne aus Zinn, in die er zwei fensterähnliche Öffnungen hinein schnitt, um die Reaktionen der in der Mitte an einem Draht befestigten Goldplättchen beobachten zu können. Ramsay war neben bei bemerkt auch ein ausgezeichneter Glasbläser und baute sich auch seine zahlreichen Apparaturen zur Untersuchung der Gase selbst.

Radium begann die Welt zu faszinieren. Seine Strahlenwirkung war um ein Vielfaches stärker als die anderer radioaktiver Stoffe. Das neue entdeckte Element schien eine Quelle unerschöpflicher Energie zu sein. „Gleich in den ersten Jahren nach der Reindarstellung des Radiums wurde eine solche Fülle von Beobachtungen mitgeteilt über Zunahme, Abnahme und auch Veränderungen der radioaktiven Wirkungen, dass es als ein unentwirrbares Chaos erschien, den Methoden exakter Forschung unzugänglich", so schilderte Otto Hahn 1907 treffend die Situation, in der sich die Erforschung der Radioaktivität zu Beginn des Jahrhunderts befand. Es ist das bleibende Verdienst des englischen Physikers Rutherford, Licht in das Dunkel der einander widersprechenden Beobachtungen gebracht und das Mysterium Radioaktivität aufgeklärt zu haben. Ernest Rutherford, aus Neuseeland gebürtig, hatte am berühmten Cavendisch-Laboratorium in Cambridge bei Professor Thomson studiert. Im Alter von 27 Jahren ging er 1898 nach Montreal, um dort die Leitung eines Forschungsinstituts zu übernehmen. „Ich habe niemals einen Studenten mit mehr Begeisterung oder Fähigkeiten für selbständige wissenschaftliche Arbeiten gehabt wie Mr. Rutherford und ich bin sicher, dass er in Montreal eine angesehene Abteilung für Physik schaffen wird", so lautete die Empfehlung seines Lehrers Thomson. In Montreal widmete sich Rutherford, mit einem ausgeprägten Sinn für die künftige Bedeutung dieses Forschungsgebiets, ausschließlich der Radioaktivität. In kurzer Zeit sollte er zu wissenschaftlichen Erkenntnissen gelangen, die das gesamte Weltbild der Physik veränderten.

Zunächst legte Rutherford dar, dass es drei verschiedene Arten radioaktiver Strahlen gibt, die er Alpha-, Beta- und Gammastrahlen nannte. Betastrahlen, sie entdeckte man zuerst, bestehen aus den gleichen negativ geladenen Elementarteilchen (Elektronen) wie Kathodenstrahlen. Ihre Geschwindigkeit von über 200.000 Kilometern je Sekunde ist unvorstellbar hoch. Alphapartikel hingegen besitzen eine wesentlich größere Masse, sie werden aber ebenfalls mit hoher Geschwindigkeit, rund 15.000 bis 20.000 Kilometer je Sekunde, aus dem Radiumatom heraus katapultiert. Die endgültige Klärung der Natur dieser Strahlen dauerte über zehn Jahre, bis einwandfrei klar wurde, dass Alphateilchen Heliumatomkerne und Gammastrahlen eine besondere Art von Röntgenstrahlen sind. Völlig neue Dimensionen mussten bei der Deutung der Radioaktivität bewältigt werden. Man ermittelte, dass in einem Gramm Uran in der Sekunde 10.000 Atome radioaktiv zerfallen, in einem Gramm Radium sogar über 30 Millionen Atome. Anfang Oktober 1903 hielt Rutherford in St. Louis einen Vortrag „Über das Radium" und versuchte zu erläutern, welche unglaublichen Energiemengen bei radioaktiven Prozessen im Spiel sind: „Ein Pfund Radiumemanation, vorausgesetzt, man könne diese Menge gewinnen, strahle fortwährend eine Energie ab, die einer Dauerleistung von rund 10.000 PS entspreche." Wer Rutherfords Vortrag nicht hörte, las bald darüber in der Presse. Für viele Gäste, die zur Vorbereitung der Weltausstellung 1904 bereits jetzt die Stadt besuchten, berichtete die „St. Louis Post-Dispatch" vom 4. Oktober 1903 über die neue Energiequelle. Die Redakteure spekulierten bereits über ihre Anwendung in einem Krieg, der weite Teile der Erde zerstören könnte. Zum ersten Mal fiel das Wort, mit dem sich von nun an Hoffnungen, aber auch Schrecken verbanden. Ein Wort, das den Beiklang des Unvorstellbaren und Ungeheuerlichen in sich barg: Atomenergie. „Die Emanation (lat. Ausfluss) ist eine Quelle ungeheurer Energie", sagte William Ramsay begeistert anlässlich einer Vortragsreise im April 1908 in Wien. „Ein Kubikzentimeter, wenn wir so viel sammeln könnten, würde bei seiner Zersetzung mehr Wärme abgeben als drei Kubikmeter explodierendes Knallgas …

Kurzum, man hat in der Emanation eine chemische Waffe, welche gewöhnliche Reagenzien an ähnlicher Kraft übertrifft wie die moderne Flinte, dem Pfeil und Bogen unserer Vorfahren." Zur Verbreitung solcher Annahmen trugen nicht zuletzt auch populär gehaltene Vorträge und Darstellungen einiger Atomforscher bei. Auch Rutherford hielt seine Vorlesung „On Radium" vor einem größeren Kreis von Wissenschaftlern. Am 30. Dezember 1903 führte er vor der „American Association for the Advancement of Science" unter anderem aus: "Wenn ein geeigneter Zünder gefunden würde, ist es denkbar, dass sich durch die Materie eine Welle des atomaren Zerfalls explosiv fortpflanzt, die diese alte Erde in Asche verwandeln könnte." Rutherford weiter: „Irgendein Gimpel in einem Laboratorium könnte unversehens die ganze Welt in die Luft sprengen."

Tiefgründiger als Rutherford hat sich hin gegen der Gelehrte Frederick Soddy mit dem Problem der atomaren Energie befasst. Seine Feststellungen, die er im Laufe des Jahres 1904 traf, sind in ihrer Vorausschau auf die Zukunft erstaunlich. Im Januar 1904 hielt Soddy einen Vortrag an der Militäringenieurschule im britischen Kriegshafen Chatham und wenige Wochen später in Manchester vor einer literarisch-philosophischen Gesellschaft. Vor diesem höchst unterschiedlichen Zuhörerkreis entwickelte Soddy seine Gedanken über die Atomenergie: „Wenn sie erschlossen und kontrolliert werden könnte – welch ein Werkzeug würde das sein, das Schicksal der Welt zu lenken! Der Mensch besäße eine Waffe, durch die er die Erde zerstören könnte, wenn es ihm beliebt." Soddy verschwieg auch vor den Militärs nicht die von ihm gesehene Gefahr. Ja, er beschwor seine Zuhörer, „mit ihm zu hoffen, dass die Natur ihre Geheimnisse wahrt".

Auch in einer im Juni 1905 gehaltenen Rede anlässlich der Verleihung des Nobelpreises in Oslo warf Pierre Curie die bange Frage auf, „ob die Menschheit Gewinn davon trägt, die Geheimnisse der Natur zu erkennen, und ob sie dann reif ist, sie nutzbar zu machen, oder ob diese Erkenntnis schädlich ist".

Ähnliche Überlegungen stellte auch der Berliner Chemiker Professor Marckwald an, als er auf der Sitzung der Deutschen Chemischen Gesellschaft am 2. Mai 1908 vor einem Wissenschaftlergremium über das Wunder der Radioaktivität berichtete. „Wir kennen kein Mittel, den radioaktiven Zerfall zu beschleunigen", räumte der Vortragende ein. „Besäßen wir ein solches, so würden wir mit seiner Hilfe vermutlich im Stande sein, auch andere Elemente um zu wandeln. Dabei hätten wir die Bildung von Grundstoffen mit niedrigerem Atomgewicht unter gleichzeitigem Gewinn ungeheurer Energiemengen zu erwarten. Würde die Umwandlung plötzlich erfolgen, so müsste sie von den furchtbarsten Explosionswirkungen begleitet sein; wäre sie hingegen beliebig regulierbar, so würde ein Kilogramm Pechblende sicher genügen, um einen großen Schnelldampfer über den Atlantischen Ozean zu befördern."

Trotz aller Befürchtungen versuchte man sich damals schon an jenem Grundproblem, den Zerfall der radioaktiven Stoffe gewissermaßen katalytisch zu beschleunigen, um die atomare Energie spontan frei zu machen. Ernest Rutherford setzte die Radiumemanation Temperaturen von 2.500 Grad Celsius und einem Druck von 1.000 Atmosphären aus, indem er sie in einer Stahlbombe zur Explosion brachte. Aber die radioaktiven Zerfallseigenschaften der Emanation blieben dieselben. Dann versuchte man durch andere, inzwischen ebenso „klassische" Experimente, den stetigen Zerfall der radioaktiven Stoffe zu beeinflussen. Aber die Halbwertzeit veränderte sich nicht, weder bei Kältegraden nahe dem absoluten Nullpunkt noch bei Hitzegraden, weder unter Druck von 2.000 Atmosphären noch nach Einwirkung magnetischer Felder bis zu 83.000 Gauß, weder in tief gelegenen Bergwerkstollen noch auf dem hohen Jungfraujoch, auch nicht unter der Wirkung von Zentrifugalkräften, die viertausend mal stärker waren als die Erdanziehung. Die Natur ließ sich auf solche Weise nicht überlisten. Bis zum heutigen Tage.

SENSATIONELLE ENTDECKUNG

Am späten Abend des 19. Dezember 1938, lag das Kaiser-Wilhelm-Institut an der Thielallee in Berlin eingehüllt in das Dunkel der Nacht. Lediglich hinter einigen Fenstern der radiologischen Abteilung brannte noch Licht. Otto Hahn ließ sich müde an seinem Schreibtisch nieder. Bis zur nächsten Messung war noch reichlich Zeit, auch Fritz Strassmann wollte ihn in einer halben Stunde ablösen. Sein Blick fiel wie zufällig auf das „Gebet eines Forschers“ aus Sinclair Lewis Roman „Dr. med. Arrowsmith“. Es hing eingerahmt über seinem Arbeitsplatz. Hahn überflog wieder einmal die Zeilen. Dieser Leitspruch hatte wohl noch nie eine so große Bedeutung wie gerade jetzt: „Gott schenke mir klaren Blick und Freiheit ohne Hast. Gott schenke mir stillen, unerbittlichen Hass gegen allen falschen Schein, gegen Anmaßung und gegen nachlässige und halbfertige Arbeit. Gott schenke mir Ruhelosigkeit, dass ich weder Schlaf noch Lob empfangen mag, bis die Resultate meiner Beobachtungen sich mit den Resultaten meiner Berechnungen decken oder bis ich mit heiligem Feuer dem Fehler zu Leibe gegangen bin und ihn bezwungen habe. Gott schenke mir die Kraft, selbst Gott nicht blind zu vertrauen!“ Mit raschem Griff nahm Otto Hahn nochmals die Laborberichte zur Hand, kontrollierte zum wiederholten Mal die von seinem Mitarbeiter protokollierten Messdaten: Der Befund war eindeutig, so verwunderlich er auch erschien. Absichtlich zugesetzte Radiumisotope wie Mesothor ließen sich in jedem Fall von der Trägersubstanz Barium trennen. Doch bei der Aufarbeitung des neutronenbestrahlten Urans klappte diese Fraktionierung nicht! Hier konnte nur Lise Meitner weiterhelfen, Hahns ehemalige Assistentin und Professorin die im Juli 1938 vor den Nationalsozialisten ins Stockholmer Exil fliehen musste. Kurz entschlossen nahm sich Otto Hahn einen Bogen Papier und begann an Lise Meitner zu schreiben. Es wurde mehr ein Laborbericht als ein persönlicher Brief: „Es ist nämlich etwas bei den „Radiumisotopen“, was so merkwürdig ist, dass wir es vorerst nur Dir sagen.

Die Halbwertzeiten der drei Isotope sind recht genau sichergestellt; sie lassen sich von allen Elementen außer Barium trennen …, die Fraktionierung funktioniert nicht. Unsere Ra-Isotope verhalten sich wie Barium … Das Mesothor wurde programmgemäß angereichert, unser Ra nicht. Es könnte noch ein höchst merkwürdiger Zufall vorliegen. Aber immer mehr kommen wir zu dem schrecklichen Schluss: unsere Ra-Isotope verhalten sich nicht wie Ra, sondern wie Ba. Wie gesagt, andere Elemente, Transurane, U, Th, Ac, Pa, Pb, Bi, Po, kommen nicht in Frage. Ich habe mit Strassmann verabredet, dass wir vorerst nur Dir dies sagen. Vielleicht kannst Du irgendeine phantastische Erklärung vorschlagen … Überlege Dir mal ob sich nicht irgendeine Möglichkeit ausdenken ließe, eventuell Ba-Isotope mit höherem Atomgewicht als 137? … Ich muss jetzt wieder zu den Zählern". Inzwischen war auch Strassmann gekommen. Hahn gab ihm den Brief zu lesen und sein Mitarbeiter setzte noch seinen freundlichen Gruß an Lise Meitner darunter.

Mittwoch, 21. Dezember 1938, 20:00 Uhr. Wegen der bevorstehenden Weihnachtstage waren die Pforten des Instituts für den normalen Betrieb geschlossen. Strassmann machte einen letzten Rundgang und stellte die Zählgeräte ab. Die Indikatorversuche mussten für die Tage nach Weihnachten verschoben werden.

So behutsam sich auch Otto Hahn auf dem tückischen Glatteis der Atomenergie bewegte, seine Hypothese, das Uran-Atom werde in Barium und Masurium (Technetium) gespalten, war falsch. Theoretisch konnte man sich eine solche Abspaltung, wenn überhaupt, nur gemäß der Kernentladung- bzw. Ordnungszahlen denken. Lise Meitner schrieb dazu am 1. Januar 1939, sie habe die übersandte Arbeit „sehr genau gelesen und überlegt, ob es vielleicht energetisch doch möglich sei, dass ein so schwerer Kern zerplatzt. Allerdings scheint mir Deine Hypothese, dass Ba und Ma entstehen, aus verschiedenen Gründen unmöglich …" Die Kritik der erfahrenen Physikerin weckte bei Hahn weiteren Zweifel. Am 5. Januar 1939 schrieb er ihr, „er sei heute schon nicht mehr sicher, sogar wieder ängstlich mit dem Ba, ob es vielleicht nicht doch Ra ist …" Lise Meitners Brief vom 3. Januar musste ihm deshalb wie eine Erlösung vorgekommen sein: „Ich bin jetzt ziemlich sicher, dass ihr wirklich eine Zertrümmerung zum Ba habt und finde das ein wunderschönes Ergebnis, wozu ich Dir und Straßmann sehr herzlich gratuliere".

Niemand anders als Lise Meitner wusste aufgrund ihrer langjährigen Erfahrung besser, wie höchst kompliziert die Untersuchungen zum chemischen Nachweis der Kernspaltung gewesen sind. Denn unter den gewählten Versuchsbedingungen entstanden nur wenige Atome Barium, einige Trillionstel Gramm. Noch in späteren Jahren, als Lise Meitner die „Wege und Irrwege der Kernenergie“ beschrieb, sparte sie nicht mit ihrer Bewunderung: „Ich möchte betonen“, sagte sie 1963, „dass dieser Nachweis bei der so geringen Intensität der zu entziffernden Präparate wirklich ein Meisterstück radioaktiver Chemie war, das in der damaligen Zeit kaum jemand anderen hätte gelingen können als Hahn und Strassmann“.

Ursprünglich ist die Uranspaltung ein kernphysikalischer Prozess. Das Phänomen ist aber von Chemikern entdeckt worden, weil die Kernphysik einen solchen Vorgang für nicht möglich, also auch nicht für nachweisenswert hielt. Dabei ist der physikalische Nachweis der Kernspaltung, durch die Ionisationswirkung der energiereichen Spaltstücke, wesentlich einfacher als der mühsame Weg über langwierige chemische Trennungen. Es ist auch eine Tatsache, dass der Vorgang des „Zerplatzens“ schwerer Atomkerne, speziell des Urans, wieder nicht von den Kernphysikern, sondern von einer Chemikerin, Ida Noddack, zuerst diskutiert worden ist. Der Physiker Walter Gerlach, später Chef des deutschen Atomprogramms im Reichsforschungsrat, hat die Entdeckung der Uranspaltung nicht ohne Selbstironie als „Schwarzen Punkt in der Geschichte der Physik“ bezeichnet. Und Otto Hahn meinte einmal humorvoll hintergründig: „Ich fürchte, Lischen Meitner hätte mir die Kernspaltung verboten“.

Bei aller aufrichtigen Freude über den Forschungserfolg ihrer Kollegen konnte Lise Meitner es nur schwer verwinden, dass sie wegen ihrer notwendigen Flucht aus Deutschland nicht unmittelbar an dieser grandiosen wissenschaftlichen Entdeckung teilnehmen konnte. Denn an den Arbeiten über die vermeintlichen „Transurane“ war sie entscheidend beteiligt gewesen. All jene „neu entdeckten“ Elemente jenseits des Urans, von Nummer 96 bis 97, waren aber, das begriff die kluge, wissenschaftliche nicht minder ehrgeizige Frau sehr schnell, in Wirklichkeit Spalttrümmer der Urans, Isotope von bekannten Elementen. Keinesfalls aber Transurane. „Du wirst ja wohl verstehen“, schrieb sie an Otto Hahn, „dass die Frage der Richtigkeit der Transurane für mich auch eine sehr persönliche Seite hat. Wenn die ganze Arbeit der letzten Jahre unrichtig war, so kann das nicht nur von einer Seite festgestellt werden. Ich bin ja mitverantwortlich dafür gewesen und muss also irgendeine Form finden, an der Zurücknahme mitbeteiligt zu sein. Ihr seid ja, falls die Transurane verschwinden, in der sehr viel besseren Lage, es selbst herausgefunden zu haben ... Keine gute Empfehlung für mich".

Sehr verständnisvoll reagierte Otto Hahn auf die Enttäuschung seiner Kollegin. Nicht umsonst hatte er ihr als Erste von den unerwarteten Ergebnissen im Dezember 1938 berichtet. Die Physiker im eigenen Institut waren dagegen völlig ahnungslos, denn ihnen hatten Strassmann und Hahn nichts gesagt. Hahn bekam wegen dieser kollegialen Haltung gegenüber Lise Meitner noch Unannehmlichkeiten. Nach dem bekannt wurde, dass eine Jüdin im Ausland sozusagen aus erster Hand Informationen über die Atomkernspaltung erhalten habe, mehrten sich die Stimmen, die Hahn in ein politisches Zwielicht drängten und ihm „Rassenverrat" vorwarfen.

Als Lise Meitner von Hahn Post vom 19. und 21. Dezember 1939 erhielt, befand sie sich in dem südschwedischen Kurort Kungälv unweit von Göteborg. Sie verbrachte dort die Weihnachtsfeiertage erstmalig im Exil. Ihr Neffe, der Physiker Otto R. Frisch, selbst auch Flüchtling aus Hitler-Deutschland, der bei Nils Bohr in Kopenhagen eine Anstellung gefunden hatte, besuchte zu Weihnachten seine Tante. Beide gerieten gleich nach der Begrüßung schnell ins Fachsimpeln.

Otto Frisch erzählte angeregt über einen neuen großen Magneten, den er aufbauen wollte. Lise Meitner hatte Mühe seine Aufmerksamkeit auf Otto Hahns Korrespondenz zu lenken. Gleich nach den ersten Sätzen war auch der Neffe von der Entdeckung Hahns und Straßmanns fasziniert. „Ja, es konnte möglich sein. Wie ein prall gefüllter Tropfen musste sich der Urankern beim geringsten „Anstoß teilen". Sein Mentor Bohr hatte unlängst von einem „Tröpfchenmodell" gesprochen, als er für den Zustand schwerer Kerne einen anschaulichen

Vergleich suchte. Auch ein Wassertropfen teilt sich bei einer gewissen kritischen Größe seiner Oberflächenspannung in zwei kleinere, annähernd gleich große Tropfen und zersplittert nicht in unzählige Teiltröpfchen. In gleicher Weise muss sich das von einem Neutron getroffene und dadurch instabil gewordene Uranatom halbieren. Wie sich Otto Frisch erinnerte, nennen die Biologen diesen Vorgang bei einer lebenden Zele Fission. Dieser Begriff sollte sich auch für die Spaltung des Uranatoms einbürgern.

Wenn das eine Bruchstück, wie von Hahn und Strassmann gefunden, Barium mit der Kernladungszahl 56 war, dann musste der andere, aber noch nicht nachgewiesene Kern dem Edelgas Krypton, Kernladungszahl 36, angehören und konnte nicht Masurium sein, wie Hahn meinte. Beide zusammen ergaben 92, die Kernladung des Urans. Die Richtigkeit dieser Annahme sollte sich bald experimentell bestätigen. Hahn und Sraßmann fanden aufgrund der Hinweise von Meitner und Frisch unter den Spaltprodukten des Urans tatsächlich auch ein Kryptonisotop. Aus dem Massenverlust, der bei einer derartigen Spaltung eintritt, berechneten Meitner und Frisch sogleich den Energiebetrag, der als Äquivalent nach Einsteins Gleichung „$E^2 = m^2 = c^2$" zwangsläufig frei werden musste. Ihre Überschlagrechnung mochten sie kaum glauben, denn fast unglaublich erschien ihnen der gefundene Wert: 200 Millionen Elektrovolt! Eine solche Energie war bei Kernumwandlungsprozessen bisher noch nie beobachtet worden. Im Vergleich dazu: 1 Atom Kohlenstoff liefert bei seiner Verbrennung nur etwa 2 Elektronenvolt Energie, 1 Atom Uran dagegen bei seiner Spaltung den hundertmillionenfachen Wert.

DER „HAHN-EFFEKT"

Im Januar 1939 reiste Lise Meitner aus dem südschwedischen Urlaubquartier zurück nach Stockholm und Otto Frisch nahm seine Arbeit wieder in Kopenhagen auf. Er berichtete Nils Bohr, der gerade nach

Amerika wollte, von den Neuigkeiten aus Berlin. Eine Weile schien Bohr sprachlos zu sein. Dann schlug er sich an den Kopf. „Mein Gott, wie haben wir das nur so lange übersehen können!“

Tief in Gedanken versunken hatte Bohr nur mit knapper Not den Passagierdampfer „Drottningholm“ erreicht der ihn in die Vereinigten Staaten bringen sollte. Der weltbekannte Physiker folgte einer Einladung zu Gastvorlesungen an der Universität in Princeton. Auch während der Überfahrt beschäftigte den Dänen fast ununterbrochen der „Hahn-Effekt“, jenes überraschende Auseinanderbrechen des schweren Uranatoms. Am Pier der schwedischen Schifffahrtslinie in New York hatten sich Freunde und ehemalige Schüler Bohrs eingefunden um ihn willkommen zu heißen. Unter ihnen auch Enrico Fermi mit seiner Frau, denn beide waren schon einmal bei ihm zu Gast in Kopenhagen. Nach der Abwicklung der Zollformalitäten nahm Bohr gleich seinen ehemaligen Schüler, Professor John A. Wheeler, der jetzt an der Universität in Princeton lehrte, beiseite um ihn flüsternd und in hastigen Sätzen von der weltbewegenden Neuigkeit der Uranspaltung zu berichten. Wheeler erinnerte sich später, dass die wenigen Worte Bohrs bei ihm einen förmlichen Schreck ausgelöst hatten, denn blitzartig begriff er die bedrohlichen Zusammenhänge der brisanten Nachricht aus Deutschland.

Am 26. Januar 1939 fand die 5. Washingtoner Konferenz über theoretische Physik statt, zu der Bohr ebenfalls eingeladen war. Hier wollte er die Gelegenheit nutzen, einige Anmerkungen über die Arbeitsergebnisse von Hahn und Strassmann und über die Theorie von Meitner und Frisch zu machen. Bohr fragte auf der Tagung an, ob er eine Mitteilung von größter Wichtigkeit machen dürfe. Der bisher monotone Verlauf der Konferenz nahm jetzt eine dramatische Wendung. Mehrere Physiker sprangen wie elektrisiert von ihren Sitzen hoch, noch bevor Nils Bohr zu Ende gesprochen hatte. Im Gesellschaftsanzug stürmten sie in ihre Laboratorien, um die von ihnen „verschlafene“ Endeckung nachzuvollziehen. Wer von weiter her angereist war, hängte sich an das nächste Telefon, um Anweisungen für entspre-

chende Versuche durchzugeben. Man lud Nils Bohr und Enrico Fermi ein, an einem dieser Experimente im Carnegi-Institut teilzunehmen. Zu mitternächtlicher Stunde beobachteten die Physiker gebannt das Oszilloskop, dessen leuchtend grüne Impulse die Spaltenergie signalisierten. Die Stärke der Impulse drohte es förmlich zu sprengen. Man fragte Fermi, warum er nicht schon 1934 die Spaltung des Urans bemerkt habe? Die energiereichen 100-Megaelektronenvolt-Spaltstücke des Urans hätte doch auch sein primitiver Zähler anzeigen müssen.
Fermi schlug sich vor den Kopf. Natürlich! Aber er hatte damals zwischen dem bestrahlten Uran und dem Zähler eine Folie angebracht, um die natürliche Radioaktivität des Urans auszuschalten. Eine hauchdünne Folie nur, aber sie genügte, um die Spalttrümmer zu absorbieren. So blieb die Kernspaltung damals noch ein Geheimnis.
Schnell erschienen in der amerikanische Tagepresse die ersten Berichte: „Atom-Explosion Frees 200.000.000 Volts; New Physics Phenomenon Credited by Hahn". (Atomexplosion setzt 200.000.000 Volt frei; neues Physikphänomen, das Hahn zuzuschreiben ist.) Das war die Schlagzeile der „New York Times" vom Sonntag, dem 29. Januar 1939. Als Professor Hahn später diese Meldung zu gesandt bekam, notierte er nur kurz: „ Echt amerikanische Übertreibung".
Denn es handelte sich nicht um „Millionen Volt" sondern um Elektronenvolt. In anderen amerikanischen Zeitungen klang die Berichterstattung dagegen eher wie eine Katastrophenmeldung. So heißt es im „Times-Magazin" vom 13. März 1939: „Vor sechs Wochen erreichte ein Bericht die Vereinigten Staaten, dem zufolge in einem Berliner Laboratorium eine Atomexplosion stattgefunden hat, die heftigste, die jemals von Menschen erzeugt wurde".
Die Redakteure der „Times" hätten sich wohl besser an eine Veröffentlichung vom 6. Februar erinnern sollen, bevor sie eine solche Horrormeldung verfassten. Sie besagte nämlich, dass es sich um eine „Explosion im mikroskopischen Maßstab" gehandelt habe, ohne „Blitz und Krach …, die in Wirklichkeit nicht stark genug war, um eine Fliege von der Wand zu blasen".

SCHICKSALSJAHR

Während viele Wissenschaftler in ihrem „Elfenbeintürmen“ sinierten und von der außerordentlichen Entdeckung der Uranspaltung fasziniert waren, überfiel Hitler-Deutschland am 1. September 1939 um 5:45 Uhr das Land Polen. Ohne vorläufige Mobilisierung der Wehrmacht und ohne Kriegserklärung. Entgegen allen Voraussetzungen und Befürchtungen folgten der Kriegserklärung des englischen Königreiches und der französischen Republik, die einen Beistandspakt mit Polen hatten, an das Deutsche Reich keine unmittelbaren Feindseligkeiten: Es gab keine Bombardierungen von Städten und die Bevölkerung von Paris hat die Gasmasken, die man verteilt hatte, schnell wieder abgegeben. Außer einer sehr begrenzten Aktion im Wald der Warndt an der saarländischen Grenze fand keine einzige militärische Handlung im Westen statt. Von Oktober 1939 bis zum 10. Mai 1940, dem Tag an dem sich der deutsche Frankreichfeldzug entfesselt wurde, war es völlig ruhig. Diese neun Monate lange Periode, die „Waffenstillstand“ genannt wurde, hieß in Frankreich „drôle de guerre“ und in Deutschland „Komischer Krieg“. Hinter dieser scheinbaren Ruhe bereitete sich das bekannte Drama vor, das erst am 8. Mai 1945 auf dem europäischen Kriegsschauplatz mit der Kapitulation Deutschlands endete.

Hitler und seine Führungsspitze hatte mit dem von ihnen angezettelten Weltkrieg Deutschland in die schlimmste Niederlage seiner Geschichte geführt. Der Krieg hatte unermessliches Leid, Tod und Zerstörung gebracht. 55 Millionen Tote waren zu beklagen, davon 5,5 Millionen Deutsche und 50 Millionen Angehörige zahlreicher anderer Völker. Ein Viertel der Toten waren Zivilisten, unter ihnen 6 Millionen Juden, die dem rasseideologischen Wahn zu Opfer gefallen waren. Deutschland war dreifach geschlagen, nicht nur militärisch und politisch, sondern auch moralisch.

GEHEIME PROGRAMME

Anfang 1939, sechs Jahre vor Hitlers Ende, landete auf dem Schreibtisch des Reichserziehungsministers Rust ein Schreiben des Physikers Georg Joos aus Göttingen. Auf einem Physiker Kolloquium, so berichtete Joos, habe man kürzlich über die technische Verwendung der Kernspaltung und die Vorzüge einer Energie liefernden Uranmaschine diskutiert. Die Thematik sei es Wert, an höchster Stelle vorgebracht zu werden. Rust reagierte ungewöhnlich schnell und beauftragte Professor Abraham Esau, den Präsidenten der Physikalisch-Technischen Reichsanstalt sofort mit der Einberufung einer Geheimkonferenz. Esau trommelte alle Experten zusammen, die seiner Meinung in Frage kamen: an erster Stelle Professor Otto Hahn.

Doch dieser schützte Vortragsverpflichtungen vor, die er nicht mehr absagen könne. Außerdem meinte Hahn, er sei nur Chemiker, kein Physiker. Kurzum, Hahn schickte seinen Mitarbeiter, den Physiker Josef Mattauch als Vertretung. Auf der ersten Geheimsitzung zum Uranproblem, die in den Räumen des Ministeriums in Berlin ‚Unter den Linden' am 29. April 1939 stattfand, gab es zunächst gegen den nicht anwesenden Hahn massive Vorwürfe. Hahn wurde scharf kritisiert, da er die entscheidende Entdeckung überhaupt veröffentlicht habe. Jetzt wisse und profitiere die ganze Welt davon. Mattauch wies die Angriffe gegen Hahn zurück: „Die Wissenschaftler hätten von jeher die Pflicht, ihre Ergebnisse der Allgemeinheit zur Kenntnis und den Fachkollegen zur Nachprüfung vorzulegen. Nichts anderes habe Otto Hahn getan." Als Ergebnis der Geheimkonferenz im Reichserziehungsministerium stand ab sofort die zügige Bearbeitung des Uranproblems im Mittelpunkt aller deutscher Interessen. Als erstes sollten alle aus den Gruben im böhmischen Joachimstal geförderten Uranerze sichergestellt und ihre Ausfuhr ins Ausland unterbunden werden. Es war ferner geplant, führende Kernphysiker zu einer Forschungsgruppe zusammenzufassen, die zielstrebig an der Herstellung einer „Uranmaschine" arbeiten sollte.

Auch im Oberkommando der Wehrmacht (OKW) zeigte man sich stark interessiert, denn das Oberkommando des Heeres (OKH) hantierte insgeheim am eigenen Uranforschungsvorhaben. Den Start hier zu löste ebenfalls ein Brief aus. Am 24. April 1939 schrieben der Hamburger Physiker Paul Harteck und sein Assistent Wilhelm Groth an das Reichskriegsministerium, um nachdrücklich „auf die neueste Entwicklung in der Kernphysik aufmerksam zu machen, die es vielleicht ermöglichen wird, einen Explosivstoff zu erzeugen, der um viele Größenordnungen wirkungsvoller ist als der gegenwärtig verfügbare". Hartecks Brief gipfelte in einer Feststellung, die ihren Eindruck nicht verfehlt haben dürfte: „Das Land, das als erstes Gebrauch davon macht, besitzt den anderen gegenüber eine nicht einzuholende Überlegenheit".

Weder Harteck noch Groth erhielten eine Antwort. Aber ihr Brief löste bei den Militärs eine Kette von Reaktionen aus. Das OKW erteilte dem Heereswaffenamt die Auflage, sich weiter um die Angelegenheit zu kümmern. Von dort aus gelangte das Schreiben an die Heeresforschungsabteilung, die Professor Erich Schumann leitete. Der hielt zwar noch nichts von der Sache, was sich aber später ändern sollte. Zu diesem Zeitpunkt jedenfalls, soll er abfällig gesagt haben: „Bleiben sie mir vom Hals mit diesen Atomkackern!" (Als Hahn irgendwie davon hörte, kommentierte er: „Ausdruck kommt wohl von Atomknackern!) Doch um sich keine Blöße zu geben, leitete Schumann den Brief schließlich an Dr. Kurt Diebner weiter, einen Fachmann des Heeres für Sprengstoffe.

Der Stein kam ins Rollen. Noch im Sommer 1939 richtete man im Heereswaffenamt ein selbständiges Referat für Kernphysik ein, mit dessen Leitung Diebner beauftragt wurde. In Gottow bei Kummersdorf, südlich von Berlin, begann Diebner auf dem Versuchsgelände der Wehrmacht für Sprengstoffe und Geschosse sein eigenes Experimentierfeld abzustecken.

SCHWERES WASSER IST KEINE LEICHTE SACHE

Diebner und der Leipziger Physiker Bagge, Assistent bei Professor Heisenberg, entwarfen befehlsgemäß einen „Vorbereitenden Arbeitsplan zur Aufnahme von Versuchen für die Nutzbarmachung der Kernspaltung". Im Rahmen dieses Programms wies man allen Spezialisten der Atomforschung bestimmte Aufgaben zu. Bald wurden auch Heisenberg und von Weizsäcker verpflichtet, an theoretischen Problemen zu arbeiten. Andere Forscher wie Bagge und Bothe mussten sich experimentellen Aufgaben widmen.

Pflichtgemäß lieferte Heisenberg am 6. Dezember 1939 seinen Bericht über „Die Möglichkeit der technischen Energiegewinnung aus der Uranspaltung" an das Heereswaffenamt ab. Der Nobelpreisträger war in seiner Studie zu einer bemerkenswerten Schlussfolgerung gelangt, die man heute als das erste verbindliche „Rezept" für einen Uranreaktor ansehen muss. „Die von Hahn und Straßmann entdeckten Spaltprozesse am Uran können nach den bisherigen vorliegenden Daten auch zu Energieerzeugung im Großen verwendet werden. Die sicherste Methode zur Herstellung einer hier zu geeigneten Maschine besteht in der Anreicherung des Isotops U235 ... Sie ist ferner die einzige Methode, um Explosivstoffe herzustellen, die die Explosivkraft der bisher stärksten Explosivstoffe um mehrere Zehnerpotenzen übertreffen..."

In seiner Ausarbeitung verwies Heisenberg auch auf eine neue Variante: „Zur Energieerzeugung kann man aber auch normales Uran ohne Anreicherung von U235 benutzen, wenn man Uran mit einer anderen Substanz verbindet, die die Neutronen verlangsamt, ohne sie zu absorbieren. Wasser eignet sich hierzu nicht. Dagegen erfüllen nach bisher vorliegenden Daten schweres Wasser und ganz reine Kohle diesen Zweck. Schweres Wasser ist eine Verbindung des Wasserstoffisotops Deuterium. Im normalen Wasser ist die schwere Modifikation nur zu 0.015 Prozent enthalten. Auf einen Liter gewöhnliches kommt also etwa ein Tropfen schweres Wasser. Um schweres Wasser

zu gewinnen, bedarf es langwieriger Elektrolysierprozesse, bei denen erhebliche Wassermengen zersetzt werden müssen. Vom Heereswaffenamt auf den strategischen Wert des schweren Wassers aufmerksam gemacht, schickte Hitler seine Emissäre aus, um sich dieses rare Produkt zu sichern. Es gab zu dieser Zeit nur eine einzige Bezugsquelle in der Welt, die die riesengroßen Elektrolysieranlagen von Norsk Hydro in Rjukan, 120 Kilometer westlich der norwegischen Hauptstadt Oslo. Aber Norsk Hydro bedauerte Deutschland nicht beliefern zu können. Eine solche Absage hatte man in Berlin nicht erwartet.
Was die Deutschen nicht wissen konnten, ihnen hatte schon ein anderer Käufer den Rang abgelaufen. Vom Joliot-Curie-Institut in Paris informiert, war es der französischen Regierung gelungen, den in Rjukan lagernden Vorrat an schwerem Wasser vor dem Zugriff aus Berlin zu sichern und ins eigene Land zu transportieren. Nachdem die deutsche Wehrmacht Dänemark und Norwegen besetzte und ihnen am 4. Mai 1940 Norsk Hydro in die Hände fiel war klar, wer jetzt der einzige Hauptabnehmer sein wird. Als deutsche Truppen auch in Belgien einmarschierten, erbeuteten sie dazu die Vorräte des größten Uranexporteurs der Welt, der belgischen Gesellschaft Union Minièrs, die das Erz im Kongo abbauen ließ. Bisher hatte Deutschland vom belgischen Exporteur monatlich nur knapp eine Tonne Uranverbindungen käuflich erwerben können. Von jetzt ab sollten bis Kriegsende mehrere tausend Tonnen nach Deutschland kommen. Abnehmer waren die Auer-Gesellschaft, vormals Knöfler in Oranienburg und die Degussa-Werke in Frankfurt am Main. Wenige Tage nachdem die Wehrmacht Paris besetzt hatte, suchten Professor Schumann und Dr. Diebener vom Heereswaffenamt das bekannte Joliot-Curie-Institut auf und beschlagnahmten ein im Bau befindliches Zyklotron für die eigene Atomforschung. Allzu großen Nutzen brachte die Besetzung des Pariser Instituts jedoch nicht, denn den französischen Institutsmitarbeitern war es gelungen, rechtzeitig wichtige Unterlagen zu vernichten. Auch das kostbare schwere Wasser hatten die Franzosen auf abenteuerliche Weise nach England gebracht.

Trotz des Misserfolges in Paris hatte die militärische Atomforschung in Deutschland eine bemerkenswerte Ausgangsposition erreicht. Sie besaßen mittlerweile die einzige Fabrik für schweres Wasser und hatten Tausende von Tonnen Uranrohstoffe in ihren Besitz gebracht. Um die Uranarbeiten im gewünschten Sinne forcieren zu können, beschlagnahmte das Heereswaffenamt kurzerhand das zivil geführte Kaiser-Wilhelm-Institut für Physik in Berlin-Dahlem. Hinter einer Bretterwand verborgen, in einem Gebäude, mit irreführenden Tarnnamen „Virushaus" wurde dann die erste deutsche „Uranmaschine" an der Berliner Universität installiert.

Die „New York Times" brachte eine United Press Meldung über Uran 235 am 5. Mai 1940 auf der ersten Seite, über sieben Spalten lang. Den erstaunten Amerikanern rechnete die Zeitung vor, dass 500 Gramm des von Alfred O. Nier an der Universität Minneapolis isolierten U235 dieselbe Energie liefern wie 5 Millionen Kilogramm Kohle oder 15.000 Tonnen Dynamit. In Deutschland sei man bereits dabei, hieß es in der amerikanischen Agenturmeldung weiter, die ungeheure Sprengwirkung des Urans 235 für den Krieg auszunutzen. Jeder verfügbare Wissenschaftler und Techniker habe den Befehl erhalten, „alle anderen Arbeiten liegen zulassen", um sich in den Laboratorien des Kaiser-Wilhelm-Instituts in Berlin dieser Aufgabe fieberhaft zu widmen.

Schließlich konnte man dann in der deutschen Tagesprese am 10. November 1944, im „Der Angriff", Herausgeber Dr. Joseph Goebbels, schwarz auf weiß lesen, dass sich Deutschland in der Uranforschung einiges vorgenommen hatte. In einem Beitrag „Kräfte die eine Milliarde Tonnen 27 km hochheben" heißt es: Deutsche Forscher haben die Idee aufgenommen, um dieses Problem nun zu meistern. Ein neues Zeitalter wird heraufkommen, ohne dass sich die Auswirkungen heute schon absehen lassen". Fast vier Monate später, am 4. März 1945 gegen 21.30 Uhr soll es im Raum Röhrsee (Thüringen) einen deutschen atomaren Hauptversuch gegeben haben.

Doch bis dahin lagen noch viele Unwägbarkeiten auf dem Weg. Die sich für Deutschland rapid verschlechterte Kriegslage wirkte sich

auch auf die Wirtschaft im Land aus. Trotzdem investierte man große Mittel in die militärischen Geheimprogramme. Dabei waren die Bedingungen für die Fortführung der Arbeiten am Uranproblem fast aussichtslos geworden. Norwegische Patrioten hatten schon im Frühjahr 1943 auf das Werk in Rjukan einen Sprengstoffanschlag verübt und damit die Schwerwasserproduktion längere Zeit zum Erliegen gebracht. Im November desselben Jahres belegte die Royal Air Force die Fabrikanlagen mit einem Bombenteppich. Auch der Versuch mit einer Fähre die letzte Vorräte an schwerem Wasser nach Deutschland zu überführen misslang. Das Schiff wurde versenkt. Versuche in den Leuna-Werken die Schwerwasserproduktion in Deutschland aufzunehmen, scheiterten nicht zuletzt an heftigen Luftangriffen. Auch ein Nachtangriff zertrümmerte die Degussa-Werke in Franfurt am Main. Das bedeutete das Ende der Uranmetallproduktion in diesem Werk. Jetzt konnten nur noch die Auer-Werke in Berlin-Oranienburg das dringend benötigte reine Uran herstellen. Das Auer-Werk produzierte dann bis zu seiner völligen Zerstörung durch amerikanische Kampfflugzeuge am 15. März 1945 noch waffenfähiges Material.
Trotz dieser Umstände arbeiteten die deutschen Atomforscher in ihren Bunkern verbissen Tag und Nacht am Aufbau ihrer Uranmaschine. Draußen heulten die Luftschutzsirenen und krepierten unzählige Bomben …

FARM HALL

In einer einsamen Gegend, etwa 30 Kilometer westlich der alten englischen Universitätsstadt Cambridge, liegt am Rande der Ortschaft Godmanchester der Landsitz Farm Hall. Hier wurden internierte deutschen Atomforscher durch den britischen Geheimdienst systematisch abgehört. Ein Lordrichter seiner Majestät namens Clark hatte den Wohnsitz im Jahre 1728 erbauen lassen. Das Gebiet gehörte in grauer Vorzeit zur römischen Provinz Britannia. Richter Clark, ein passionierter Hobbyarchäologe, wusste davon und begann Meter für Meter seines Grundstücks nach Altertümern abzusuchen. Um sich vor den Blicken Neugieriger zu schützen, ließ er um sein Landhaus eine hohe Mauer errichten. Clarks Hoffnung Farm Hall noch zu seinen Lebzeiten durch antike Funde berühmt zu machen, erfüllte sich nicht. Erst reichlich zwei Jahrhunderte später sollte die Weltöffentlichkeit von Farm Hall erfahren, als im Sommer 1945 aus dem Landsitz des Richters ein Gefängnis für deutsche Atomforscher wurde.

Bei den Internierten in Farm Hall handelte es sich um zehn Wissenschaftler (Physiker und Chemiker), darunter Kapazitäten von internationalem Rang: Walther Gerlach, Otto Hahn, Werner Heisenberg, Max von Laue, Carl Friedrich von Weizsäcker. Außerdem Erich Bagge, Kurt Diebner, Paul Hartneck, Horst Korsching und Karl Wirtz. Sie galten als Spezialisten auf dem Gebiet der deutschen Atomforschung und spielten teilweise eine führende Rolle bei den Kernwaffenprojekten des „Dritten Reiches".

Gerlach war zuletzt als Leiter der Arbeitsgemeinschaft Kernphysik im Reichsforschungsrat und Chef des deutschen Atomprojekts gewesen. Otto Hahn entdeckte mit Fritz Strassmann 1938 das Prinzip der Kernspaltung in Berlin-Dahlem. Werner Heisenberg galt neben Carl Friedrich von Weizsäcker als der führende Theoretiker. Die Gruppe Diebner und Bagge gehörten zur militärischen Atom-Forschungsgruppe „Gottow" des Heereswaffenamtes unter Leitung von Prof. Erich Schumann. Die Art und Weise wie diese Wissenschaftler gefangen genommen worden waren, galt bisher als beispiellos. „Alsos", eine legendäre US-Abwehreinheit hatte die meisten deutschen Atomforscher kurz vor Ende des Zweiten Weltkrieges aufgespürt und gefangen genommen. Wichtige Arbeitsunterlagen der Forscher wurden beschlagnahmt und ihre Versuchsanlagen demontiert oder wenn es gar nicht anders ging in die Luft gesprengt.

Mit dieser Aktion glaubten politische und militärische Kreise in Amerika, einen technischen Vorsprung in der Atomforschung bewahren zu können.

Die USA-Spezialisten der Alsos-Mission („alsos", ist die griechische Bezeichnung für Haine, englisch „groves"), verfügten über unbegrenzte Vollmachten gegenüber den gesamten amerikanischen Streitkräften. Die Spezialtruppe wurde von regulären Einheiten der U.S.-Army unterstützt und unterstand direkt dem amerikanischen Kriegministerium. Militärischer Leiter war der Oberst Boris Pash, während die wissenschaftliche Betreuung der amerikanische Physiker Samuel Goudsmit übernahm. Goudsmit stammte aus Holland, und die Beschäftigung mit kriminalistischen Methoden war sein Hobby. Seine Eltern wurden in einem Konzentrationslager (KZ) von SS-Wachmannschaften umgebracht. Für die Amerikaner schien Goudsmit der geeignete Mann für die Fahndung nach den deutschen Atomgeheimnissen zu sein.

Die „Alsos" Spezial-Truppe sollte vor allen Dingen verhindern, dass Informationen und Material über die deutschen Uranarbeiten in die Hände der heranrückenden Roten Armee fielen. Und das deutsche Atomprogramm sollte noch vor Kriegsende unter allen Umständen sabotiert werden.

Als sich Ende des Jahres 1943 die Rote Armee unaufhaltsam im Vormarsch befand und die Westmächte deutsche Städte und Industrieanlagen nahezu ungehindert bombardieren konnten, drohte das „Dritte Reich" unerwarteter Weise, mit schrecklichen Vergeltungswaffen. Im Beisein von Generalfeldmarschall Keitel und Außenminister Ribbentrop brüstete sich Hitler am 5. August 1944 gegenüber seinem rumänischen Verbündeten Ion Antonescu mit seinen Geheimwaffen: der Flugbombe V 1, der Fernrakete V 2 und einer neuen Vergeltungswaffe V 3, deren Entwicklung bis zum Experimentalstadium gediehen und die in ihrer Wirkung so gewaltig sei, dass alles Leben im Umkreis von drei bis vier Kilometern vernichtet werde. Der Sprung von jetzt üblichen bis zu diesen neuartigen Explosivstoffen, so meinte Hitler, sei „größer als der vom einfachen Schwarzpulver bis zu den bei Kriegsbeginn gebräuchlichen Sprengmaterialien".

In diesem Kontext herrschen bereits einen Monat zuvor große Aufregungen in Berlin. Über die diplomatische US-Vertretung in Lissabon war eine Drohung der Vereinigten Staaten von Amerika gegen die deutsche Regierung ausgesprochen worden. Innerhalb weniger Wochen werde eine Atombombe über Dresden oder einer anderen deutschen Großstadt abgeworfen werden, wenn die Hitler-Regierung nicht in irgendeiner Form um Frieden ersuche. Doch im „Dritten Reich" setzte man lieber auf „Endsieg" und „Wunderwaffen", man ignorierte einfach diese ungeheuerliche Warnung. Nur Görings Adjutant nahm diese Drohung sehr ernst. Er wandte sich direkt an Heisenberg, mit der Frage was er als Wissenschaftler von dieser Sache hielt. Heisenberg selbst war ziemlich verunsichert. Schließlich rang er sich zu folgender „diplomatischen" Antwort durch: Erhalte es für „außerordentlich unwahrscheinlich, nicht aber für gänzlich unmöglich", dass Amerika bereits über eine Atombombe verfüge. Im August 1944 brachte eine Meldung der deutschen Nachrichtenagentur „Transozean-Innendienst" Ribbentrops ‚Auswärtiges Amt' richtig in Verlegenheit. In dieser Meldung hieß es, dass die schwedische Zeitung „Stockholms Tidningen" aus London folgende Nachricht erhalten habe: „In den Vereinigten Staaten werden wissenschaftliche Versuche mit einer neuen Bombe ausgeführt. Als Material dient Uran und wenn die gebundenen Kräfte in diesem Element frei würden, dann könnten Sprengwirkungen von bisher nicht geahnter Kraft erzeugt werden." Das Auswärtige Amt wandte sich aber nicht wie üblich an den Reichsforschungsrat, um den Wahrheitsgehalt diese Meldung zu erkunden, sondern aus irgendwelchen Gründen auch immer, direkt an Manfred von Ardenne. Als dieser die Nachricht las, dachte er besorgt an die Forschungsergebnisse von Fritz Houtermanns. Denn Houtermanns kam, wie Ardenne wusste, schon als Student 1927 in Göttingen auf die Idee, die Entstehung der Sonnenenergie durch atomare Kettenreaktionen zu erklären.

Von Ardenne erklärte deshalb, die schwedische Meldung verdiene große Aufmerksamkeit und weitere Informationen darüber zu erhalten sei jetzt von größter Bedeutung! Denn Houtermanns arbeitete mittlerweile seit 1941 auch bei Manfred von Ardenne in Berlin-Lichterfelde zur „Frage der Auslösung von Kernkettenreaktionen".

Nicht mit Atomwaffen wie angekündigt, jedoch durch schwerstes Bombardement der britischen Royal Air Force wurde am 13. und 14. Februar 1945 Dresden auf schrecklichste Weise zerstört. Die angekündigte amerikanische Atombombe wurde erst nach der Kapitulation des deutschen Heeres, der Marine und der Luftwaffe in der Wüste von New Mexico fertig gestellt und dann im August 1945 statt wie angekündigt auf Dresden über Hiroshima abgeworfen.

Mehrere Monate zuvor, nachdem von westalliierten Streitkräften am 15. November 1944 Straßburg eingenommen wurde, stöberte ein etwa vierzigjähriger Mann in amerikanischer Uniform in einem Stapel von Papieren, der von den Deutschen in der ehemaligen „Reichsuniversität" zurückgelassen worden war. Draußen, jenseits des Rheins, dröhnte noch Gefechtslärm. Doch das störte den US-Soldaten nicht. Goudsmit, so hieß dieser Mann, saß im Arbeitszimmer seines Kollegen Carl Friedrich von Weizsäcker, der zuletzt als außerordentlicher Professor an der Straßburger Universität gelehrt hatte.

Unter den Akten fand Goudsmit zahlreiche Hinweise auf das deutsche Atomprogramm. Die erbeuteten Unterlagen, selbst ein zerrissener Brief an Werner Heisenberg, der sich im Papierkorb befand, vermittelte ihm ein authentisches Bild vom Stand der Forschungsarbeiten im Sommer 1944. Sein Bericht an den Leiter des amerikanischen Atomjagdprojekts General Groves war in diesem Sinne abgefasst: Deutschland sei in der Atomforschung weit zurück. Die von Hitler angekündigte neue „Wunderwaffe" könne keine Atombombe sein. Doch General Groves wollte diese Nachricht nicht recht glauben: Die Beute war ihnen zu leicht in den Schoß gefallen. Groves misstraute hauptsächlich dem zerrissenen Brief. Alles könnte „präpariert" und eine Finte des Reichsicherheitshauptamtes sein. Diesen Spezis war einfach alles zuzutrauen. Sie waren es auch, die den fingierten Überfall auf den deutschen Reichssender Gleiwitz initiierten und

damit den Zweiten Weltkrieg vom Zaun brachen. Auch der bekannt gewordene Venloer-Zwischenfall trug die Handschrift des „SD" (Sicherheitsdienst), der 1931 vom Hallenser Tristan Eugen Heydrich als SS-Geheimdienst aufgebaut wurde. Im Tarnen und Täuschen waren die „SD"- Leute einsame Spitze. Der „SD" (Sicherheitsdienst) unterhielt in Berlin sogar ein eigenes Luxus-Bordell (Salon Kitty) in dem Militär, Diplomaten und Prominente im großen Stil abgehört wurden. Der deutsche Spitzeldienst hatte sogar die bedeutendste Modeschöpferin des 20. Jahrhunderts, Coco Chanel in Paris für den SS-Schnüffelapparat angeworben.
Seit der Kapitulation der deutschen 6. Armee in Stalingrad am 2. Februar 1943 wurde auch der Bevölkerung in Deutschland allmählich klar, dass der Sieg immer ferner rückte, und von jetzt an häufte sich Niederlage auf Niederlage. Die Goebbels- Propaganda kreierte nun das Konzept von der „Festung Europa" und vom „Totalen Krieg". Doch die Festung besaß kein Dach mehr. Bomberflotten legten deutsche Städte in Schutt und Asche. So war die Besetzung Deutschlands durch alliierte Truppen bald nicht nur für die Insassen der Konzentrationslager und dem Heer der Zwangsarbeiter in den Waffenschmieden, sondern für das deutsche Volk insgesamt ein Akt der Befreiung – wenn auch nicht jedermann bei Kriegsende imstande war, dies im Licht seines persönlichen Schicksals zu akzeptieren.

WEST GEGEN OST

Bei der Niederwerfung Nazi-Deutschlands fällt vor allem eine ungewöhnliche Eile ins Auge, mit der US-General George Smith Patton in Richtung Thüringen vorstieß und wie unter Aufbietung aller Kräfte der sowjetische Verbündete, unter Sowjetmarschall Schukow auf Berlin marschierte. Beide Armeeführer hatten neben ihren kriegstaktischen Aufgaben auch Hitlers Atomgeheimnisse im Hinterkopf. Die Rote Armee wollte so schnell wie möglich das Dahlemer Kaiser-

Wilhelm-Institut und Manfred von Ardennes Lichterfelder-Laboratorium übernehmen. Wissenschaftler, technische Einrichtungen und Uraniumoxid waren die geheimen Ziele der Sowjets in der deutschen Reichshauptstadt. Die Amerikaner dagegen spürten dagegen vorrangig prominente deutsche Wissenschaftler in den von Westaillierten eroberten Gebieten, mit ihrer „Alsos"-Geheimtruppe auf.

In nur zehn Tagen, zwischen dem 22. März und dem 1. April 1945, marschierte General Patton mit der 3. US-Armee von Oppenheim am Rhein bis kurz vor Eisenach. Denn im thüringischen Dreieck Arnstadt-Wechmar-Ohrdruf wurde, wie der amerikanische Geheimdienst herausgefunden hatte, an deutscher Hochtechnologie gearbeitet. Offenbar war Thüringen, das von den Nazis selbst als „Schutz und Trutzgau" erklärt wurde, gegen Ende des Krieges das Kerngebiet der geheimen deutschen Waffenentwicklung. Die Amerikaner sind deshalb auch zielgerichtet auf das Jonastal in Thüringen marschiert, sie wussten was sie zu finden hofften. Die Aktion ist heute noch teilweise „top secret" und unter Verschluss in den amerikanischen Archiven. Zusätzlich suchten die Amerikaner intensiv nach SS-Obergruppenführer Dr. Ing. Hans Kammler. Der promovierte Bauingenieur war einer der größten Geheimnisträger des Dritten Reiches. Er zeichnete verantwortlich für die geheimen SS-Denkfabriken im früheren Reichsprotektorat Böhmen/Mähren, die SkodaWerke, die Waffenwerke Brünn und die Weserwerke bei Decin.

Ein weiteres Unternehmen das zu diesem Geheimkomplex deutscher Hochtechnologie gehörte war die AEG in Bedrichow. Während des Krieges hieß dieser Ort Friedrichswald. Die kleine Stadt liegt etwa zehn Kilometer nordöstlich von Liberec (früher Reichenbach) am Isergebirge. Auch Turnov, früher Turnau, im „Böhmischen Paradies", spielte eine bedeutende Rolle: Hier befand sich ein wichtiges geheimes aeronautisches Labor.

Als General Pattons Einheiten die auf unterirdische Anlagen in Thüringen vorstießen, schlug sofort erbitterter Widerstand durch verschiedene Waffen-SS Einheiten entgegen. Tag und Nacht kämpften

Befreier und Verteidiger um jeden Meter Boden, sechs Tage lang tobte die Schlacht in Mitteldeutschland. Als Pattons Soldaten am 11. April 1945 das KZ Buchenwald bei Weimar befreiten, war der General von den Grausamkeiten im Lager so schockiert, dass er der US-Militärpolizei befahl, am folgenden Tag 1.000 Weimarer Bürger durch das KZ zu führen um sie direkt mit der Realität der Hitler-Diktatur zu konfrontieren.

Nach der deutschen Kapitulation vom 8. Mai 1945 wurde Viersternegeneral Patton Militärgouverneur von Bayern und residierte in Bad Tölz. Er kam schon bald, wegen seiner unkonventionellen Haltung in Schwierigkeiten. Da Patton die Entnazifizierung nicht zügig genug vorantrieb, wurde er oft gerügt. Auch seine Äußerungen waren umstritten, er wollte ein Bündnis mit den Deutschen, um gegen die Sowjetunion und den Kommunismus zu marschieren, er bezeichnete die SS auch „für eine verdammt gut aussehende Bande von sehr disziplinierten Hurensöhnen".

Am 9. Dezember 1945, einen Tag vor seiner geplanten Rückkehr in die USA, begab sich Patton gemeinsam mit seinem Chef des Stabes, Generalmajor Hobart R. „Hap" Gay auf Fasanenjagd. Gegen 11:45 Uhr stieß sein Wagen, ein Cadillac, auf einem Bahnübergang in Mannheim-Käfertal mit einem amerikanischen Militärlaster frontal zusammen. Während Generalmajor Gay und der Fahrer unverletzt blieben, erlitt Patton einen Halswirbelbruch, vermutlich weil er auf die Trennwand im Fahrzeug aufschlug. Er starb am 21. Dezember 1945 im Heidelberger Militärhospital infolge einer Lungenembolie.

Auf eigenen Wunsch wurde er auf dem amerikanischen Soldatenfriedhof bei Hamm in Luxemburg inmitten der Soldaten „seiner" 3. US-Armee beigesetzt.

Was alles genau noch geschah, als die Waffen-SS in der Gegend um Ohrdruf besiegt worden war, darüber lässt sich nur noch spekulieren. Die Amerikaner schwiegen und schweigen sich bis heute aus. Die Protokolle darüber, was die Amerikaner im Raum zwischen Arnstadt, Jonastal, Mittelbau-Dora und Crawinkel genau vorfanden, befinden

sich, wie schon erwähnt, in den nationalen Archiven der USA und unterliegen immer noch der Geheimhaltung. Ein brisanter Stoff für jegliche Legendenbildung. Und Legenden bildeten sich sofort, auch um den berüchtigten SS-Gruppenführer Kammler, der neben Werner von Braun, wohl der führende Mann im deutschen Rüstungsprogramm war. Sein Untertauchen noch vor der Kapitulation der deutschen Wehrmacht ist zu einem regelrechten Mysterium geworden. Immerhin existieren über ihn insgesamt vier verschiedene Totenscheine, für einen Menschen sind das wohl drei zuviel!
Kammler soll, wie berichtet wird Anfang April 1945 aus Thüringen von der deutschen Luftwaffe nach Bayern, in die sogenannte Alpenfestung, eingeflogen worden sein, bevor er dann im Mai 1945 in amerikanische Gefangenschaft geraten sei. Hier traf er vermutlich am 9. Mai 1945 mit dem legendären General Patton zusammen. Dabei soll Kammler eine geheime Abmachung mit den Alliierten getroffen haben.
Vierzehn Tage darauf soll er zusammen mit hohen amerikanischen Militärs und Wissenschaftlern in Arnstadt gesehen worden sein. Kammler vollzog die Reise unter dem Pseudonym Dr. Hausmann. Bei dieser Visite ging es um den Abtransport von Fabrikanlagen und Versuchsflugkörpern aus den Unterirdischen Anlagen direkt in die USA. Kammler soll später mit neuer Identität und nazifreier Legende in der Tschechoslowakei eingebürgert worden sein. Gemäß einer internen Abmachung zwischen den Amerikanern und Sowjets war er dann so für beide Seiten erreichbar und hatte vermutlich bis 1972 gelebt. Mit Beginn des Krieges hatten sich die Alliierten, vor der Besetzung Deutschlands, versprochen die Kriegsbeute gerecht aufzuteilen.
Daran hielten sich die Amerikaner jedoch in vielen Fällen nicht. So verschifften sie auch fast die ganze V2-Raketenprroduktion von „Dora-Mittelbau“ aus Thüringen in die Vereinigten Staaten von Amerika, direkt vor den Augen der Briten, die zuletzt sogar den amerikanischen Schiffskonvoi erfolglos mit Waffengewalt zu stoppen versuchten.

Im Gegensatz zu den unter sich zerstrittenen Westalliierten machte die Sowjetunion allein und ungestört im befreiten Protektorat Böhmen/Mähren beste „Beute“ in Form von heißbegehrten Technologien, die man sich nun als Reparation einverleibte. Im einstigen Reichsprotektorat war für die Sowjets sehr viel zu holen: Raketentechnik, U-Boot-gestützte Systeme, Zyklotrone, gyroskopische Geräte oder sogar eine Art Anti-Radar- bzw. Anti-Sonar-Technik.
Inzwischen wussten die Verantwortlichen vom geheimen „USA-lsos-Kommando“, dass sich ein weiteres Zentrum der ausgelagerten Atomforschung im süddeutschen Hechingen, Tailfingen und in Haigerloch befanden. Weiterhin hatten die Amerikaner herausspioniert, dass die Deutschen ihr Uranerz in einem Bergwerk bei Staßfurt versteckt hielten. Von dort bezogen die staatlichen Auer-Werke in Berlin-Oranienburg ihren laufenden Bedarf für die eigentliche Uranproduktion. Jetzt hatte der Leiter des amerikanischen Atomprogramms, US-General Groves ein kleines Problem: Hechingen, Tailfingen und der Haigerlocher Schwanenwirt-Felsenkeller lagen in dem von Franzosen zu besetzenden Teil Deutschlands. Staßfurt und Oranienburg dagegen in der zukünftigen sowjetischen Besatzungszone. „Für mich stand außer Frage, dass die amerikanischen Truppen an diesen so wesentlichen Punkten zuerst eingreifen mussten“, so Groves kategorisch.
Die Anlagen der Auer-Werke in Oranienburg bei Berlin, durch ein Kommandounternehmen zu demontieren wagen die USA wegen der Nähe der sowjetischen Truppen nicht mehr. Groves legt deshalb dem Einsatzstab der Westalliierten nahe, das Werk aus der Luft zu zerstören. 600 „Fliegende Festungen“ entluden am 15. März 1945 ihre Bombenlast über Oranienburg und machten das Werk dem Erdboden gleich. Zivilbevölkerung und Zwangsarbeiter der Auer-Werke musste diese Aktion mit zahlreichen Opfern bezahlen.
Mit einer US-Infanteriedivision als Geleit stießen die amerikanischen „Atomjäger“ mittlerweile nach Staßfurt vor. Mitte April 1945, lag das Gebiet genau zwischen der amerikanischen und sowjetischen Frontlinie. Sie beschlagnahmten entgegen den alliierten Abmachungen

insgesamt 1100 Tonnen Uranerz. Innerhalb von drei Tagen war die Beute hinter den eigenen Linien in Sicherheit gebracht. Am 23. April 1945 berichtete General Groves erleichtert nach Washington ins „Weiße Haus“: „Die Erbeutung dieses Materials, die Hauptmenge der in Europa verfügbaren Uranvorräte, schließt endgültig jede Möglichkeit aus, dass die Deutschen in diesem Krieg eine Atombombe einsetzen können“.

Haigerloch, Hechingen und Tailfingen wurden danach von den amerikanischen Alsos-Kommandos kampflos besetzt. Am 24. April 1945 brachen US-Soldaten die große Felsengrotte unter der Schlosskirche, den ehemaligen Bierkeller des Schwanenwirts in Haigerloch auf und drangen zum „letzten deutschen Kriegsgeheimnis“ vor, einem fasst kritisch gewordenen deutschen Uranmeiler.

LETZTE RUNDE IM BIERKELLER

Währen der Endphase des Zweiten Weltkrieges war in diesem Keller die „Uranmaschine“ untergebracht. Der Reaktor wurde in ein etwa drei Meter tiefes Loch im hinteren Teil des Felsenkellers eingebaut. Zwischen der äußeren Betonwand und dem Leichtmetallkessel aus Aluminium, dem eigentlichen Atommeiler, befand sich normales Wasser zur Kühlung. Im Zentrum stand ein weiterer Kessel aus Magnesium der mit „Schwerem Wasser“ gefüllt war. Der Raum zwischen diesem inneren Schwerwasserreaktorgefäß und dem äußeren Aluminiumkessel war mit ca. 10 Tonnen Grafitblöcken gefüllt, die die freiwerdenden Neutronen abfangen und den Reaktor nach außen abschirmen sollten. Für den Versuch wurden 664 Uranwürfel in das Schwere Wasser getaucht, der Reaktor verschlossen und eine Neutronenquelle setzte die Uranspaltung in Gang. Eine erfolgreiche Uranspaltung würde zusätzliche Neutronen aus den gespaltenen Atomkernen freisetzen. Über Messsonden konnte diese Neutronenvermehrung eindeutig festgestellt werden, jedoch war der Haigerlocher Atomreaktor zu klein, um den so genannten „kritischen Punkt“ erreichen zu können. Beim Erreichen des kritischen Punkts läuft die Kernspaltung ohne künstliche Neutronenzufuhr selbstständig als Kettenreaktion ab und würde sich ohne „Bremsung“ zu einer Atomexplosion weiter entwickeln.

Andere Tatsachen lassen sich auf Grund von aufgefundenen Unterlagen des Heereswaffenamtes vermuten, nämlich dass Wissenschaftler der deutschen Marine, des Heeres und der Luftwaffe bereits 1944 über das Wissen zum Bau einer, wie man es heute bezeichnen würde, Fusionsbombe nach dem Hohlladungsprinzip verfügten. Professor Erich Schumann entwickelte mit seinen Mitarbeitern das Konzept zum Bau einer Wasserstoffbombe. Schon bevor die ersten amerikanischen und sowjetischen Wasserstoffbomben nach dem Krieg getestet wurden, beschrieb der beim Heereswaffenamt für die Atomforschung zuständige Leiter schon 1944 exakt deren allgemeine Bauprinzipien und Funktionsweise. Die Fusionsbombe wird bekanntermaßen im Gegensatz zum Fissionsprinzip, wo überkritische Masse zur Kettenreaktion gebracht wird, durch eine Kernspaltungsbombe gezündet.

Seit Sommer 1942 beschäftigte sich ungewöhnlicher Weise auch die Forschungsanstalt der Deutschen Reichspost mit der Urananreicherung Reichspostminister Wilhelm Ohnesorge unterrichtete Hitler über die Ergebnisse der Reichspost zur Erzeugung bombenfähigen Materials. Er stellte seine langjährige Zusammenarbeit mit Manfred von Ardenne in den Focus. Ardenne hatte ein elektromagnetisches Verfahren zur Isotopentrennung entwickelt und wollte gerade eine Pilotanlage bauen. Nach Ardennes Prognose konnte man damit 0,1 g pro Stunde hoch angereichertes Uran erzeugen. Es kam zu der bekannten Szene, bei der sich Hitler an die anwesenden Militärs wandte und ironisch formuliert haben soll: „Sehen Sie, meine Herren, ausgerechnet mein Postminister offeriert mir heute die Wunderwaffe, die wir brauchen“.

EIN GENIALER AUSSENSEITER

Parallel zu den Bemühungen eine deutsche „Uranmaschine“, heute Kernreaktor genannt, zum Laufen zu bringen, nahm man Arbeiten zur Anreicherung des spaltbaren Urans 235 auf. Wilhelm Groth, Mitarbeiter von Hartneck, glaubte dieses Problem am besten mit einer Ultrazentrifuge lösen zu können. Andere Wissenschaftler wie Horst Korsching versuchten, gasförmiges Uranhexafluorid mit Hilfe von Diffusionsverfahren anzureichern. Der Leipziger Physiker Erich Bagge schwor auf ein Geheimpatent, die so genannte Isotopenschleuse.

Der 33-jährige Baron Manfred von Ardenne, der die Fachwelt schon im heranwachsenden Alter mit Aufsehen erregenden Erfindungen auf dem Gebiet Funk, Fernsehen und Elektronenoptik überraschte, versuchte sich seit Anfang des Jahres 1940 ebenfalls mit der Isotopentrennung. Er hatte leistungsstarke Plasma-Ionenquellen entwickelt und wollte das begehrte Uran 235 auf elektromagnetischem Weg abtrennen. Manfred von Ardenne besaß in Lichterfelde-Ost ein hervorragend ausgerüstetes Privatlaboratorium. Ardenne stand seit mehr als zwei Jahren mit der Forschungsanstalt der Deutschen Reichspost unter Vertrag. Was lag für Ardenne also näher, auch mit seinem Auftraggeber über die Entdeckung des Prinzips der Kernspaltung von Otto Hahn und Fritz Strassmann zu diskutieren.

Reichspostminister Wilhelm Ohnesorge sagte Manfred von Ardenne darauf hin aus Überzeugung die Finanzierung einer gewünschten 1.000.000-Voltvan-de-Graf-Anlage zu, die 1941 in Betrieb genommen werden konnte. Hitlers Postminister hatte aus unerfindlichen Gründen großes Interesse am Atombombenthema und an seinem „Wunderkind“ Manfred von Ardenne gefunden. Die Atomforscher horchten nicht nur auf, als sie von den Ambitionen des eigenwilligen Barons und ihres Reichspostministers hörten, sie suchten Kontakt.

So kam es, dass Ardenne mit Otto Hahn und Werner Heisenberg zusammentraf. Auf Ardennes Frage, wie viel Uran 235 zu einer mo-

mentan ablaufenden Kettenreaktion man wohl brauche, antworteten beide übereinstimmend: „Wenige Kilogramm". Der Baron überlegte kurz und äußerte sich dann sehr überzeugt: Es sei technisch durchaus möglich, eine solche Menge Uran 235 mit Hilfe seiner Plasma-Ionenquelle und magnetischer Massentrenner abzuscheiden. Vorausgesetzt, die Elektro-Industrie, also ein großer Konzern beteiligt sich an den Vorhaben.
Hahn und Heisenberg sahen sich daraufhin bedeutungsvoll an. Vielleicht befürchteten sie insgeheim, dass von Ardenne bei seinem bekannten Arbeitstempo dieses technische Problem schneller zu meistern verstünde, als es anderen recht sein könnte. Minister Ohnesorge, war von den Ideen seines Schützlings nach wie vor wesentlich beeindruckter als die großen Koryphäen der deutschen Atomforschung. „Es kam glücklicherweise nicht zu einem gemeinsamen Schritt in diese Richtung", meinte Ardenne später.
Auch im Heereswaffenamt und bei der militärischen Führung blieb man in diesen Tagen skeptisch gegenüber dem Thema der Kernspaltung. Manfred von Ardenne hielt jedoch an seiner Idee fest. Um deren Brauchbarkeit zu prüfen, konstruierte er mit Geldmitteln der Reichspost eine Pilotanlage für magnetische Isotopentrennung. Gleichzeitig begann er mit dem Bau eines 60-Tonnen-Zyklotrons. Mit Otto Hahn war abgesprochen, das sein Institut die beiden Großanlagen nutzen könne.
Bemerkenswert in diesem Zusammenhang ist auch eine Entdeckung nach 1990 in Bad Saarow, südlich von Berlin. Hier wurde auf dem ehemaligen Luftwaffengelände eine unterirdische kreisrunde Betonkonstruktion entdeckt. Es war ein doppelter Betonring von 20 Metern Durchmesser mit quadratischem Anbau. Kabelschächte liefen ins Zentrum. Man fand 20 cm starke Rohre, die möglicherweise Teil einer Vakuumanlage waren. Fand man hier die Reste einer Versuchsanlage nach dem Ardenne-Prinzip?
Am 5. Dezember 1941 teilte der Chef der Forschungsabteilung des Heeres allen Leitern der Uranforschung mit, dass die Weiterführung

der Arbeiten „nur verantwortet werden kann, wenn die Gewissheit besteht, in absehbarer Zeit eine Anwendung zu erreichen".

Über den Stand der Uranforschung sollte auf einer Tagung der Arbeitsgemeinschaft „Kernphysik" vom 26. bis 27. Februar 1942 eingehend berichtet werden. Das Heereswaffenamt und der wiederum für die Atomforschung zuständige Reichsforschungsrat bereiteten diese Geheimberatung vor. Zwei verschiedene Veranstaltungen waren vorgesehen: populär wissenschaftliche Kurzreferate, gehalten vor den Spitzen der Wehrmacht, der NSDAP und mehrerer Reichsressorts und ausführliche Fachvorträge für die Spezialisten. Von der Anwesenheit des Rüstungsministers Speer, des Chefs des Oberkommandos der Wehrmacht, Keitel, des Oberbefehlshabers der Kriegsmarine, Raeder, des Reichsführers SS, Himmler und andere prominenter Naziführer, wie Göring und Bormann, versprach man sich einen Auftrieb für das Atomprojekt. Bei der Auswahl der leichtverständlichen Kurzvorträge legte man besondere Sorgfalt an den Tag, wie ein Blick auf die als „geheim" eingestufte Einladung beweist.

„Kernphysik als Waffe" hieß das viel versprechende Einführungsreferat vom Chef der Forschungsabteilung des Heeres, Erich Schumann. Anschließend sollte Otto Hahn über die „Spaltung des Atomkerns", Heisenberg über die „Grundlagen für die Energiegewinnung aus der Uranspaltung", Bothe über die „Bisher untersuchten Anordnungen zur Energiegewinnung" und Harteck über „Schweres Wasser" berichten. Im Schlussvortrag von Staatsrat Esau ging es dann um die Erweiterung der Arbeitsgemeinschaft „Kernphysik" durch Beteiligung anderer Reichsressorts und der Industrie".

Aber die eingeladene Generalität und Parteiprominenz erschien nicht. Schuld war eine Sekretärin des Reichsforschungsrats. Sie hatte versehentlich das Programm der höchst komplizierten wissenschaftlichen Vorträge mit den allgemeinverständlichen Referaten vertauscht. Als Himmler, Keitel, Göring und die anderen die Einladungen mit dem für sie unverständlichen Tagungsprogramm erhielten, sagten sie mehr oder wenig diplomatisch ab. Mit Begriffen wie „Einfang- und

Wirkungsquerschnitt" oder „Neutronenbremslängen" wussten sie einfach nichts anzufangen.
Immerhin erfuhren einige Parteigrößen durch Berichte von den Ergebnissen dieser Tagung. So notierte Propagandaminister Josef Goebbels in sein „Kriegstagebuch" am 21. März 1942: „Mir wird Vortrag gehalten über die neuesten Ergebnisse der deutschen Wissenschaft. Die Forschungen auf dem Gebiet der Atomzertrümmerung sind so weit gediehen, dass ihre Ereignisse unter Umständen noch für die Führung dieses Krieges in Anspruch genommen werden können. Es ergeben sich derart immense Zerstörungswirkungen, dass man mit einigem Grauen dem Verlauf des Krieges, wenn er noch länger dauert und einem späteren Kriege entgegensehen kann … Die deutsche Wissenschaft ist hier auf der Höhe, und es ist auch notwendig, dass wir auf diesem Gebiet die ersten sind …"
Im April 1942 gab Reichsmarschall Göring einen Erlass heraus, der alle Entwicklungsvorhaben untersagte, die lediglich „Nachkriegsinteresse" besaßen. Zudem kündigte das Oberkommando des Heeres an, dass eigene Forschungsvorhaben nur noch dann weiter verfolgt würden, wenn sie innerhalb von neun Monaten zu einer kriegsmäßigen Anwendung führten. Nur Rüstungsminister Speer war befugt, irgendwelche Ausnahmen zuzulassen.
Da sich Speer mit Generaloberst Fromm vom Oberkommando der Wehrmacht regelmäßig in Berlin zum Essen trafen, kam es dabei natürlich auch zu einigen vertraulichen Mitteilungen zwischen den beiden. Fromm meinte schon Ende April 1942, der Krieg könne nur noch mit einer völlig neuen Waffe gewonnen werden. Er habe Kontakt zu einem Kreis von Wissenschaftlern, die einer solchen Waffe auf der Spur wären, die ganze Städte, vielleicht sogar die ganzen Britischen Inseln vernichten könnten.
Auch von anderer Seite war Speer auf die vernachlässigte Kernforschung aufmerksam gemacht worden: Von Albert Vögler, seit 1941 Präsident der Kaiser-Wilhelm-Gesellschaft, lag eine Beschwerde über

die unzureichende Unterstützung durch den Reichsforschungsrat vor. Speer überlegte kurz, ob man nicht Göring als Repräsentationsfigur an die Spitze des Reichsforschungsrats stellen sollte. Hitler stimmte zu. Der neue Posten schien so recht nach dem Geschmack des eitlen Göring zu sein, der sich flink den Titel „Reichsmarschall für Kernphysik“ verpasste und überall dort aufzuräumen begann, wo nach seiner Meinung Ordnung geschaffen werden musste.

Sofort ins Visier des Reichsmarschalls geriet Professor Hahn, der die Entdeckung der Kernspaltung, wie in der Wissenschaft üblich, publiziert hatte … Auch das Verhalten der übrigen Atomforscher war im höchsten Grade ärgerlich, stellte Göring nach dem ersten Einblick in die Geheimakten der Uranforschung empört fest. „Es kann einem schlecht werden“, tobte der neue „Reichsmarschall für Kernphysik“, „wenn man sieht, mit welchem Drang nun ein Forscher, als wenn er es in der Blase nicht mehr halten kann, seine Ergebnisse ausstreut … Alle wussten Bescheid, nur die, die es interessiert hätte, davon Anwendung zu machen, haben das meist nicht erfahren. Denn erstens einmal können sie diese Blätter, die die Forscher herausgeben, nicht lesen; jedenfalls bin ich zu dämlich dazu. Da wirbeln so viele Formeln herum, dass man sich da nicht durchfinden kann. Dafür hat aber der Kollege in England, Frankreich und Amerika ganz genau Bescheid gewusst, was der Kollege in Deutschland darüber für ein Ei ausgebrütet hat!“

Tatsächlich begann mit Görings Vorsitz im Reichsforschungsrat ein regelrechter Eiertanz zwischen den Wissenschaftlern und den so genannten Wunderwaffenexperten. Speer befahl so gleich die führenden Wissenschaftler des „Uranvereins“ – unter anderem Hahn, Heisenberg, Diebner, Harteck, Wirtz – zum Rapport. Der Rüstungsminister will sich einen eigenen zuverlässigen Einblick über den Stand der Uranforschung verschaffen. Aus Otto Hahns Tagebuch ist zu entnehmen, dass auch der Chef des Heereswaffenamtes, General Leeb, sowie weitere Wehrmachtsführer, wie Generaloberst Fromm, Generalfeldmarschall Milch und Generaladmiral Witzell, anwesend waren. Die Stimmung unter den Militärs war gereizt. Seit Wochen bombardierte

die Royal Air Force pausenlos deutsche Städte. Man gab deshalb den Wissenschaftlern gleich zu Anfang zu verstehen, dass ihre Leistungen gerade jetzt gebraucht würden, um „Vergeltung“ üben zu können.
Als Heisenberg ans Rednerpult trat beschäftigte er sich sofort mit dem militärischen Aspekt der von Hahn und Strassmann entdeckten Kernspaltung und begann zu erläutern wie eine Atombombe hergestellt werden könne. Die mit der jüngsten Entwicklung nicht vertrauten Mitglieder der Kaiser-Wilhelm-Gesellschaft, die bisher nur etwas von einer „Uranmaschine“ wussten, konnten ihr Erstaunen kaum verbergen. Die Sache mit der „Bombe“ hatte auf sie wie ein Schock gewirkt. Für die Militärs hingegen war es „Wasser auf die Mühle“ und sie nahmen die Wissenschaftler anschließend in die Zange. Ihre bohrenden Fragen sollten besonders Hahn, Heisenberg und von Weizsäcker lange in Erinnerung bleiben.
Generalfeldmarschall Milch von der Luftwaffe wollte wissen, wie groß eine Atombombe sein müsse, damit man eine Großstadt wie London dem Erdboden gleichmachen kann. „Etwa so groß wie eine Ananas“ erwiderte Heisenberg zögernd, die Abmessung der Sprengladung dabei mit seinen Händen untermalend. Die Generale wurden sprunghaft hellhörig. Heisenberg musste sich jetzt richtig abmühen, um die aufkommende Begeisterung zu dämpfen: Gegenwärtig sei die Herstellung einer Atombombe wirtschaftlich in Deutschland unmöglich. Dazu sei ein ungewöhnlich hoher materieller und finanzieller Aufwand nötig. Otto Hahn und von Weizsäcker stimmten sofort in das von Heisenberg „gesungene“ Klagelied mit ein: Bei dem geringen Etat für die Atomforschung sei ja nicht einmal an eine funktionierende Uranmaschine zu denken, für die auch die Marine als Antriebsaggregat für U-Boote so lebhaftes Interesse habe. Speer unterbrach ihre Ausführungen mit einer ungeduldigen Handbewegung: Als Rüstungsminister könne er die notwendigen Mittel in jeder Höhe beschaffen, wenn das Projekt lohne. Kurzum, die Wissenschaftler wurden aufgefordert, zu sagen wie viel Geld gebraucht werde. Ihre Verlegenheit wuchs und von Weizsäcker nannte verunsichert von dieser konkreten

Aufforderung schließlich einen Betrag von 40.000 Mark. „Es war so eine lächerlich niedrige Zahl", erinnerte sich Milch, „dass Speer mich ansah und wir beide über die Weltfremdheit und Naivität dieser Leute den Kopf schüttelten". Auch Speer war „eher befremdet über die Geringfügigkeit der Forderungen in einer so entscheidend wichtigen Angelegenheit", wie er in seinen Erinnerungen schrieb. „Ich hatte bereits eine Summe von 100 Millionen Reichsmark als passend ausgedacht, als von Weizsäckers Zahl kam."
Kurz darauf genehmigte Speer die Massenfertigung einer anderen neuartigen Waffe, der Flugbombe V 1 und der Fernrakete V 2, zuletzt sogar unter Beäugung der SS-Projektleitung, die Entwicklung von Interkontinentalraketen: A 9/10, der „Amerikarakete". Trotzdem gingen die deutschen Atomforscher nicht leer aus. Speer stellte dem Uranvorhaben einen Betrag von ein bis zwei Millionen Mark jährlich zur Verfügung und genehmigte den Bau eines unterirdischen Bunkers für den Uranreaktor.
Im Verlauf der Besprechung mit Speer und der Generalität hatten die Wissenschaftler auf die Notwendigkeit hingewiesen, eine funktionierende „Uranmaschine" aufzubauen. Sollte diese nur der Forschung und wissenschaftlicher Neugier dienen? Entstand nicht in einem anlaufenden Reaktor das Element 94, das als Atombombensprengstoff bestens geeignet war?
Heisenberg beteuerte zwar, dass er Speer nichts von diesem Element 94 erzählt habe. Doch bei den anderen ehrgeizigen Wissenschaftlern wie Diebner und Hartneck konnte man die Hand dafür nicht ins Feuer legen. Das eifrige Bemühen der zwei Wissenschaftler, in Thüringen einen kritischen Reaktor selbst unter schwierigen Kriegsbedingungen aufzubauen, spricht dazu eine deutliche Sprache.
Zuletzt ließ das Heeresforschungsamt 1945 unter Kurt Diebner ein provisorisches Atomlabor in Stadtilm errichten. Dazu brachte man die Uranschmelzanlage der Degussa und eine Hochkonzentrieranlage für „Schweres Wasser", die sich vorher in Frankfurt am Main befanden, in die Kellerräume der Mittelschule von Stadtilm.

Entscheidend für den Bau einer deutschen Atombombe war stets die Frage nach dem Erfolg der Isotopentrennung, das heißt der Anreicherung von U235 in U238. Erfolgreich war hier, wie gesagt, die Zentrifugentechnik zur Isotopentrennung. Aus Süddeutschland lieferte bereits eine kleinere Mehrkammerzentrifuge seit Juni 1944 schwach angereichtes Uran: 7,5 g pro Tag. In einer modifizierten Ultrazentrifuge in der niedersächsischen Stadt Celle konnte ab Februar 1945 ca. 50 g pro Tag Uran mit 15 prozentiger Anreicherung gefertigt werden. Es war also theoretisch möglich, im Verlauf des Februar 1945 1kg Bombenmaterial für eine nukleare Explosion bereitzustellen.

In den letzten Kriegstagen sind angeblich in Thüringen Tests mit thermonuklearen Minibomben durchgeführt worden, das jedenfalls erklären Zeitzeugenaussagen und Stasi-Protokolle: Cläre Werner, Tochter des Burgwächters der Veste Wachsenburg bei Arnstadt erlebte persönlich die rätselhaften Ereignisse von 1945 im Thüringer Jonastal.

Cläre Werners Aussage wurde im Mai 1962, in der damaligen DDR vor einer Arbeitsgruppe der SED-Kreisleitung, wie folgt protokolliert: „Ein Turmzimmer der Burg diente Wissenschaftlern zur Beobachtung der Versuche“. Am 4. März 1945 sagte ihr ein gewisser Hans Rittermann, nach eigenen Angaben Sonderbeauftragter der Reichspost: „dass an diesem Tag Weltgeschichte geschrieben werde. Es werde was gemacht, was die Welt noch nicht gesehen hat. Sie sollte auf den Turm gehen und in Richtung Röhrensee schauen“. Gegen 21:30 Uhr, so Cläre Werner, gab es plötzlich eine Helligkeit wie von hunderten Blitzen. Danach gab es eine mächtige Sturmböe. Viele Einwohner hatten am anderen Tag oft Nasenbluten, Kopfschmerzen und Druck auf den Ohren. Mit Sicherheit war bei der Protokollaufnahme von Cläre Werner in der SED-Kreisleitung auch vom Ministerium für Staatssicherheit Leute mit von der Partie. Cläre Werners Aussage bot ja riesigen explosiven Spekulationen Raum. In jeder Hinsicht ein heißes Eisen, für die „kalten Krieger“. Was sie daraus zu schmieden gedachten, ist jedoch nicht bekannt geworden.

Die deutsche Testbombe sollte jedenfalls mit einem Seilzug auf einen Stahlmast gezogen worden sein, und in sechs Metern Höhe über einigen hundert KZ-Häftlingen explodiert sein, die dabei alle umkamen. Es waren angeblich nur 100 g Atomsprengstoff im Einsatz gewesen. Eigentlich sollten 1000 g eingesetzt werden, so wird behauptet, doch Kurt Diebner Chef der Forschungsgruppe „Gottow“ vom Heereswaffenamt reduzierte von sich aus die Menge aus Sicherheitsgründen. Er soll hinterher sogar über die enorme Wirkung entsetzt gewesen sein: “So etwas wollte ich nicht, die armen Menschen, nein, nein, was wäre geschehen bei 1.000 g“. Im Atommülllager Asse II bei Braunschweig hat die Gesellschaft für Strahlenschutz (GfS) 1967 begonnen radioaktive Abfälle aus dem Zweiten Weltkrieg zu versenken, jenen „Atommüll“, der bei der Verarbeitung der deutschen Atombombe im „Dritten Reich“ angefallen war. Darunter auch verstrahlte Asche von Versuchsopfern.

Bereits unter der Regie von Marinewissenschaftlern, so wird behauptet, soll Ende 1944 auf der Halbinsel Bug auf Rügen (bis 1990 Sperrgebiet der Nationalen Volksarmee der DDR) ein Atombombenversuch stattgefunden haben. Augenzeugen und Einwohner der nahe gelegenen Insel Hiddensee beschrieben damals, aus heutiger Sicht die typischen Merkmale einer Atomexplosion. Bis 1945 verlagerte sich die Hauptaktivitäten zur geheimen Kernwaffenforschung sowie zur Fertigung und Entwicklung von Langstreckenraketen in den Bereich Arnstadt/Ohrdruf.

Hier fühlte man sich noch relativ sicher vor dem Anmarsch der Roten Armee. Den Militärs von damals war klar, dass die vernichtende Wirkung einer Kernwaffe nur im Zusammenhang mit einem zielsicheren Langstreckenträger gegeben war.

Werner von Braun sowie SS-Obergruppenführer Dr. Hans Kammler sorgten dafür, dass auch in den unterirdischen Anlagen in Thüringen bis zum letzten Tag auch an einer „Amerika-Rakete“ gearbeitet wurde. In den unterirdischen Anlagen mit der Geheimbezeichnung „AWO“ Arnstadt/Wechmar/Ohrdruf) und „S III“ wurde mit unzähligen Zwangsarbeitern und KZ-Häftlingen die „Wunderwaffenproduktion“ gnadenlos in den Berg getrieben.

HIROSHIMA

Am frühen Morgen des 6. August 1945 flog ein einsames Flugzeug in großer Höhe über der japanischen Großstadt Hiroshima. Die Stadt war von amerikanischen Bombenangriffen bisher verschont geblieben. Das einzelne Flugzeug, das an diesem schönen Morgen, bei strahlendem Sonnenschein, in ungefähr 10.000 Meter Höhe friedlich über der Stadt brummte, erschreckte niemanden. Keiner dachte daran, dass gerade diese Maschine vom Typ B 29 in Sekundenschnelle Tod und Verderben über das Land bringen würde.

Es war wenige Minuten nach 8.00 Uhr, als Major Thomas Ferebee der Schütze des US-Bombers, mit dem Frauenamen „Enola Gay“ und einem rassigen Pin-Up-Girl unter dem Cockpit bemalt, auf Befehl des Kommandanten, Oberst Paul Tibbets, die Todesbombe ausklinkte. An einem Fallschirm hängend näherte sich nun die „Little Boy“ langsam Hiroshima.

8:15 Uhr Ortszeit. Viele Menschen aus den umliegenden Dörfern kamen jetzt zur Arbeit in die Stadt. Die Geschäfte hatten bereits geöffnet. Auf den Schulhöfen waren die Kinder, wie in Japan üblich, angetreten, um gemeinsam in das Schulgebäude zu gehen. In vorgesehener Höhe, zwischen 500 und 600 Metern detonierte in diesem Moment die amerikanische Superbombe. Ein bisher nie da gewesenes Inferno brach los. Die gewaltige Explosion übertraf alles bisher erlebte. Dem Blitz, der das ganze Gebiet kilometerweit in ein versengendes Licht tauchte, folgte ein rotgelber Feuerball von gigantischem Ausmaß.

Bis zu einer Höhe von 15 Kilometern kochte und brodelte eine gewaltige Wolke empor, die sich schließlich zu einem Riesenpilz auswuchs, dessen unterer Durchmesser ungefähr 5 Kilometer betrug.

Ein lang anhaltendes, schauriges Donnern, wie man es noch nie gehört hatte, begleitete das grausame Szenario am Boden. Mit aufheulenden Motoren und sofort in den Sturzflug übergehend, hatte sich der B 29 Bomber nach dem Abwurf seiner Todesfracht bereits 16 Kilometer weit entfernt, als die erste Atombombe der Welt detonierte. Die Besatzung war von der Wucht der Explosion überrascht. Wie unter schwerem Flakfeuer schlingerte die B 29 hin und her. Selbst im Inneren der hermetisch abgeschlossenen Flugzeugkabine waren die Hitzestrahlung und die Auswirkung der Druckwelle von „Little Boy" zu spüren.

„Ich habe so etwas noch niemals gesehen – noch niemals", gab Hauptmann Robert A. Lewis, der Zweite Pilot, später zu Protokoll. „Das Stadtgebiet sah aus, als sei es in Stücke gerissen worden". Und Kapitän William S. Parson, der die Bombe während des Fluges geschärft hatte, meinte: Die Japaner werden denken, ein Meteor habe ihre Stadt getroffen..."

Man schätzt die Explosionstemperatur der Bombe auf 10 Millionen Grad, eine Temperatur, wie sie in dieser Größenordnung nur im Inneren der Sonne vorkommt. In unmittelbarer Nähe des Explosionszentrums, im so genannten „Hypocenter", in einem Kreis von etwa einem halben Kilometer Durchmesser, schmolzen Steine und Ziegel der Häuser unter der Gluthitze zu einer glasigen Masse zusammen.

Von den Menschen, die sich in diesem „Hypocenter" befanden, fehlt jede Spur. Lediglich auf den Treppenstufen eines Verwaltungsgebäudes fand man die Fußspur eines Menschen eingebrannt. Schatten der Opfer konnte man später auf Mauerresten erkennen.

Die Zerstörungen waren unvorstellbar. Massive Bauten stürzten ein wie Kartenhäuser, Mauerteile flogen, Geschossen gleich durch die Straßen. Der Druckwelle folgte ein Feuersturm. Tagelang brannte die Stadt. Die Asche glühte noch eine Woche danach. Wer der Hitze und der Druckwelle entronnen war, wurde ein Opfer der Radioaktivität, die eine neue Dimension des Sterbens schuf: den heimtückischen Strahlentod.

Im englischen Farmhall, in der Nähe von Cambridge, drängten sich am 6. August 1945 die zehn internierten deutschen Wissenschaftler um ein Radio. Der Britische Geheimdienst hatte angeordnet, die 21-Uhr-Nachrichten der BBC zu hören. Otto Hahn saß etwas abseits, den Kopf abgewandt, um seine innere Unruhe zu verbergen. Schon die 18-Uhr-Nachrichten hatten sie gemeinsam gehört. Die erste Nachricht war jedoch äußerst kurz und umfasste nur wenige Sätze: „ ... Präsident Truman gibt eine grandiose Leistung alliierter Wissenschaftler bekannt: Sie haben die Atombombe hergestellt. Die erste wurde bereits auf eine japanische Armeebasis geworfen. Sie allein hatte soviel Explosivkraft wie zweitausend unserer großen Zehntonnenbomben".

Unter den Bewachern von Farmhall, den Offizieren und Soldaten, löste schon diese Meldung lärmende Begeisterung aus. Die deutschen Wissenschaftler wollten der Rundfunkmeldung vorerst jedoch keinen Glauben schenken, Hahns Tagebuchaufzeichnungen verraten, wie sehr er hoffte, die Nachricht über die Atombombe möge nicht wahr sein.

Wie dann aus Abhörprotokollen des Britischen Geheimdienstes aus Farmhall hervorgeht, diskutierten die Forscher diese Meldung sehr erregt und leidenschaftlich. Heisenberg wandte sich an Otto Hahn: „Haben sie das Wort Uran im Zusammenhang mit dieser Bombe gebraucht?" „Nein".

„Dann hat es mit Atomen nichts zu tun...Ich möchte glauben, dass es eine Hochdruckbombe ist, aber nicht, dass es irgendetwas mit Uran zu tun hat. Es wird eine chemische Sache sein, wobei sie die Sprengkraft ungeheuer gesteigert haben ..." Heisenberg versuchte seine Gedanken darzulegen, wonach es sich offenbar um einen neuen Sprengsatz mit atomarem Wasserstoff und Sauerstoff handeln dürfte.

Es folgte eine zweite ausführliche Radiomeldung, am nächsten Tag: „Hier ist BBC-London", wieder waren es die 21-Uhr Nachrichten! Die Meldung wurde beherrscht von einer „großartigen Leistung alliierter Wissenschaftler", der Herstellung einer Atombombe. Die Erste sei bereits über einer japanischen Armeebasis abgeworfen worden. Aufklärungsflugzeuge konnten noch Stunden danach nichts sehen wegen der riesigen Staub- und Rauchwolke, die immer noch die Großstadt verdunkelt, die einst über dreihunderttausend Einwohner zählte.

Der BBC-Sprecher nannte weitere Einzelheiten: Danach habe das alliierte Atombombenprojekt 2 Milliarden Dollar gekostet. Zeitweise hätten bis zu 125.000 Menschen für den Bau der Bombe gearbeitet.

Aber die internierten Deutschen, die in Farmhall der BBC-Sendung angeordneter Weise lauschten, warteten auf ganz andere Informationen. Dann fiel das mit zwiespältigen Gefühlen erwartete Stichwort: Zur Herstellung der Atombombe ist Uran verwendet worden! Jeder Zweifel war nun ausgeschlossen. Eine Uranbombe hatte Hiroshima vernichtet.

Nur schwer lassen sich die Gefühle der Wissenschaftler nach dieser von ihnen befürchteten Information beschreiben. Lähmendes Entsetzen auf der einen wechselte ab mit Wut und Verärgerung auf der anderen Seite.

Wie gesagt, wurden mit Hilfe verborgener Mikrofone alle Gespräche in Farm Hall belauscht und aufgezeichnet.

„Ich finde es schrecklich", empörte sich Weizsäcker, „was die Amerikaner getan haben. Ich halte es für Wahnsinn". „Man könnte ebenso gut sagen: Das ist der schnellste Weg, den Krieg zu beenden", ergänzte Heisenberg.

Otto Hahn schrieb am Schluss seiner Aufzeichnungen zum „Tag der Uranbombe": „Ich freue mich jetzt, dass wir keine Mittel und Wege hatten, eine Bombe zu entwickeln, denn man hätte sie in Deutschland während des Krieges machen können, dann wäre man wohl gezwungen gewesen, sie gegen England einzusetzen. Mir ein unerträglicher Gedanke.

Den Ruhm überlasse ich neidlos den Amerikanern. Nicht alle dachten so; „Ich finde es absurd, so Erich Bagge, wenn Weizsäcker sagt, er habe der Sache kein Gelingen gewünscht. Das mag für ihn gelten, aber nicht für uns alle". Kurt Diebner stimmte ihm lebhaft zu. Hartneck und Wirtz vertraten sogar die Meinung: Mit einer deutschen Atombombe als Unterpfand hätten schließlich auch günstigere Kapitulationsbedingungen ausgehandelt werden können. „Wie haben sie das nur gemacht?“ wiederholte Heisenberg ein um das andere Mal. „Es wäre eine Schande, wenn wir, die an der Sache gearbeitet haben, nicht zumindest herausfinden könnten, wie sie es gemacht haben ...“

DIE DEUTSCHE KAPITULATION

Am 7. Mai 1945 entsendete Hitlers testamentarischer Nachfolger Großadmiral Dönitz, Generaloberst Alfred Jodl und Generaladmiral Hans-Georg von Friedeburg in das US-Hauptquartier von Dwight D. Eisenhowers nach Reims, um die bedingungslose Kapitulation der deutschen Wehrmacht zu unterzeichnen. Einen Tag später unterschrieb Generalfeldmarschall Wilhelm Keitel die Kapitulationsurkunde im sowjetischen Hauptquartier Berlin-Karlshorst. Mit Keitel zeichneten wieder Generaladmiral von Friedeburg und zusätzlich noch der Generaloberst der Luftwaffe Hans-Jürgen Stumpff.
Japan lehnte hingegen zu diesem Zeitpunkt ein Ultimatum zur Kampfeinstellung im Pazifikraum und auf dem asiatischen Kontinent, auch nach dem Atombombenabwurf über Hiroshima vom 6. August 1945 kategorisch ab. US-Präsident Truman erklärte dazu am 9. August 1945: „Wenn die japanischen Führer jetzt unsere Bedingungen nicht annehmen, dann erwartet sie ein Vernichtungssturm, wie er auf dieser Erde bisher unbekannt war“. Am selben Tag detonierte bereits mittags um 12 Uhr „Fat Man“, die zweite amerikanische Atombombe über einer Japanischen Stadt: über Nagasaki.
Nach dem zweiten Atombombenabwurf auf Japan ist die Kapitulation des Kaiserreichs unausweichlich, doch die Traditionalisten unter den Militärs sind der Auffassung, nach wie vor Bedingungen stellen zu können. Da eine Einigung im japanischen Kabinett nicht allein zu erreichen ist, wird im Bruch mit allen bisherigen Sitten, der Kaiser um

eine persönliche Entscheidung gebeten. Der Kaiser lässt daraufhin eine Rede, in der er die Gründe der Niederlage und der Kapitulation darlegt, auf eine Schallplatte aufnehmen, die in Radio Tokio abgespielt werden soll. Zum ersten Mal hörte die Bevölkerung in Japan und japanische Soldaten in den Kriegsgefangenenlagern die Stimme ihres Kaisers. Der Tenno, so wie der Kaiser in Japan genannt wird, gesteht die Niederlage ein und fordert die Japaner auf, „das Untragbare zu ertragen".

Am 18. August 1945 fordert daraufhin General Douglas MacArthur die alliierten Kommandeure auf, von weiteren Kampfhandlungen im Indischen und im Pazifischen Ozean abzusehen. Auf dem Flaggschiff der amerikanischen Pazifikflotte „Missouri", das in der Bucht von Tokio ankerte, chneten Außenminister Mamoru Shigemitsu und General Yoshigiro Umezo die japanische Kapitulationsurkunde.

Am 27. April 1945 klebten Mitarbeiter des Reichspropagandaministeriums in den nicht von der Roten Armee eroberten Teilen von Berlin noch unzählige Plakate: „Soldaten der Armee Wenck! Wir Berliner wissen, dass ihr schon Potsdam erreicht habt! Hurra! Rettet uns!"

Die Heeresgruppe Mitte unter Generalfeldmarschall Ferdinand Schörner erhält direkt von Hitler den phantastischen Befehl auch zur Rettung Berlins anzutreten, obwohl die Truppen Hunderte von Kilometern südlich entfernt in harte Kämpfe mit der Sowjetarmee verwickelt waren.

Inzwischen treffen erste Granaten der Roten Armee die Berliner Reichskanzlei. Im „Führerbunker" wird Ritter von Greim, den die bekannte Sportfliegerin Hanna Reitsch direkt ins umkämpfte Berlin eingeflogen hatte, von Hitler zum Oberbefehlshaber der Luftwaffe befördert. Der in Ungnade gefallene und auf den Obersalzberg bei Berchtesgaden aus Berlin abgereiste bisherige Amtinhaber, Stellvertreter des Führers, Generalfeldmarschall und auch Chef der Kernphysik Hermann Göring war kaltgestellt worden. Nur einige wenige Eingeweihte wussten auch zu diesem Zeitpunkt, dass ein U-Boot der Kriegsmarine mit einer halben Tonne Uranoxid auf dem Weg zum Bündnispartner nach Japan war. Die USA hatten zuvor mit 300 Bombern das japanische Atomforschungszentrum in Tokio angegriffen. Das deutsche U-Boot, das den Japanern nun mit Material und Konstruktionsplänen zu Hilfe eilen sollte, wurde im Verlauf der deutschen Kapitulation noch auf hoher See von den Amerikanern aufgebracht und in einen Marinehafen der USA geleitet. Vielen Nationalsozialisten, Offizieren, SS-Führern und KZ-Funktionären gelang die Flucht ins Ausland. Über die sogenannte Rattenlinie Stuttgart-Rom entkamen sie mit Hilfe von Nazi-Sympathisanten, einige sogar mit Unterstützung des Vatikans, in die Diktaturen Südamerikas. Wissenschaftler und Fachleute wurden in die USA oder in die Sowjetunion verbracht. An die 200 Betriebe in Deutschland wurden Sowjetische Aktiengesellschaften (SAG). Ihre Produktion ging in die UdSSR. Zu den SAGs gehörten Europas größtes Chemiewerk, die Leunawerke, das Buna-Werk bei Merseburg, Kaligruben, elektrotechnische Betriebe und – bis zum Untergang der DDR – der Uranbergbau.

DER SCHUTZBRIEF

Im Lichterfelder Institut hörten Manfred von Ardenne und seine Mitarbeiter an diesem 27. April 1945 plötzlich abends das Brummen eines schweren Motors. Aus einem sowjetischen Panzerwagen, der langsam vorrollte, stieg Professor Thiessen, der Leiter des Dahlemer Kaiser-Wilhelm-Instituts für physikalische Chemie und winkte Ardenne beruhigend zu. Er wurde von einem Major der Roten Armee begleitet – einem führenden Chemiker, wie sich später herausstellte. Der Major fertigte eine Art Schutzbrief für das Ardenne-Institut aus, und von diesem Augenblick an waren die Institutsbunker ein begehrtes Asyl für die verängstigte Nachbarschaft im umkämpften Berlin. Zuvor hatte Ardenne mit befreundeten Leitern verschiedener Kaiser-Wilhelm-Instiute und Forschungseinrichtungen die in Berlin verblieben waren, einen Krisenplan verabredet: Derjenige, der als erster prominenten sowjetischen Wissenschaftlern begegnete, sollte sich sofort für den Schutz aller angeschlossenen Institute einsetzen. Was schlussendlich auch funktionierte.

Bei den Kampfhandlungen um Berlin war in Ardennes Institut nur ein Nebengebäude von einer Granate beschädigt worden. Das ist nicht nur Glück gewesen. Schon zweieinhalb Monate vorher, als die „Verteidigungsmaßnahmen" für Berlin eingeleitet wurden, hatte Manfred von Ardenne um eine Besprechung mit dem Kampfkommandanten, Generalleutnant Schroeder gebeten. Dieser sagte ihm, nach Studium seiner Lagekarte zu, bemüht zu bleiben, um das Institutsgelände keine wesentlichen Kämpfe entstehen zu lassen. Ardenne erreichte das wohl nur deshalb, weil er nachdrücklich auf die Bedeutung der Anlagen und Gebäude für den Wiederaufbau der deutschen Forschung nach dem Krieg hinwies. Jedenfalls unterblieben in der Nähe von Ardennes Institut der Bau von militärischen Stellungen, der Einbau von Flakgeschützen und vor allem eine direkte Verteidigung der unmittelbar gegenüberliegenden SS-Kaserne.

Bei der so genannte „Lähmungsaktion", die nach Weisung des Berliner Rüstungskommandos darin bestand, in frontnahen Gebieten alle technischen Anlagen durch Zerstörung von wichtigen Bestandteilen außer Betrieb zu setzen, sah Manfred von Ardenne sofort die Möglichkeit, seine wichtigsten Mitarbeiter vom „Volksturm" frei zu halten. Er braucht sie angeblich für die Durchführung der Lähmungsaktion so zu sagen, im letzten Augenblick. Zerstört wurde in Ardennes Institut natürlich nichts!

Die offensichtliche fadenscheinige Freistellung Ardennes Mitarbeiter vom Volkssturm rief beim Ortsgruppenleiter der NSDAP eine derartige Wut hervor, dass er bei seiner letzten Runde in brauner Parteiuniform unmittelbar vor dem Eintreffen der sowjetischen Panzerspitzen auf einen Mitarbeiter des Instituts schoss, der eine gewisse Ähnlichkeit mit Ardenne hatte. Glücklicherweise traf die Kugel nicht, sondern schlug nur wenige Zentimeter neben dem Kopf des Laborangestellten in der Hauswand ein.

„GÖTTERDÄMMERUNG“

Die militärische Lage in Berlin geht der Kapitulation entgegen. Am 30. April 1945 befanden sich russische Panzer im nördlichen Teil am Reichstagsgebäude, im Süden wurden die Kämpfe um den Anhalter Bahnhof und in den anliegenden Straßen geführt. Erbitterte Kämpfe entbrannten auch im Raum Spittelmarkt. Am Mittag des 29. April fragte Adolf Hitler SS-Brigadeführer Wilhelm Mohnke, Kommandeur der Kampfgruppe zur Verteidigung des Regierungsviertels, wie lange man sich noch halten kann. Mohnke antwortete, wenn er keine schweren, vor allem panzerbrechenden Waffen und ausreichend Munition erhalte, höchstens noch zwei bis drei Tage.

Am 30. April kurz nach Mittag, als die Sturmtruppen der Roten Armee schon in die Schächte des U-Bahnhofs Friedrichstraße eingedrungen sind und zur Voßstraße auf die Reichskanzlei vordringen entschließt sich Hitler mit seiner im letzten Moment angetrauten Ehefrau Eva Selbstmord zu begehen. Ihre Leichen wurden Jahrzehnte später gemeinsam mit Goebbels seiner Frau Edda und ihren sechs Kindern in Magdeburg auf dem Gelände der Militärsiedlung des KGB, in der Westendstraße am Haus Nr. 36, exhumiert. Hier hatte der sowjetische Geheimdienst, auf Befehl Stalins, die sterblichen Überreste nach dem Krieg beerdigt.

Bevor das Gelände 1970 den DDR-Behörden übergeben wurde, mussten die Toten endgültig verschwinden. Die Vernichtung der sterblichen Überreste wurde durch eine zweite Verbrennung auf einem unbebauten Gelände im Raum Schönebeck, 11 Kilometer von Magdeburg entfernt, durchgeführt. Die verkohlten Überreste wurden zusammen mit den Brennmaterialien zu Asche zerstampft, zusammengetragen und in die Biederitz geschüttet: Endgültig und auf nimmer Wiedersehen! So hat sich Hitler sein Ende bestimmt nicht vorgestellt, denn er wollte zu keinem Zeitpunkt seinen Feinden in die Hände fallen, ob lebendig oder Tod. Sein Kammerdiener Linge und der Fahrer des „Führers“ sollten 200 Liter Benzin besorgen und in den Garten

der Reichkanzlei schaffen. Hitler wollte sich mit seiner Frau nach dem gemeinsamen Selbstmord hier bis zur Unkenntlichkeit verbrennen lassen. Was in der Eile jedoch nicht vollständig gelang, genau wie später bei Goebbels und seiner Familie.
Über dem Reichstag wehte schon die rote Fahne und die Geschosse der Katjuschas krachten unaufhörlich in den Garten der Reichskanzlei. Die Überlebenden brachten sich lieber selbst in Sicherheit, als darauf zu achten, dass ihr Führer und sein Propagandaminister vollständig verbrannten. Laut einem weiteren Protokoll aus dem Geheimarchiv der Moskauer Libjanka, der berühmtberüchtigten Zentrale des KGB, erklärt SS-Oberscharführer und Kommandeur der Wachabteilung der Reichskanzlei Harry Mengershausen am 3. Dezember 1947 bei einem Verhör zum Tote Hitlers, er habe das goldene Parteiabzeichen Hitlers am 1. Mai 1945 von seinem Anzug abgenommen und eingesteckt.
Mengershausen diente in dem Kriminal-Begleitkommando, das den Führer bewachte. Unter Ausnutzung des Durcheinanders, das nach Hitlers Tod eintrat, beschloss er zusammen mit seinem Kameraden SS-Unterscharführer Fritz Glanzer aus Neugier in die Privaträume Hitlers zu gehen, die sich in seinem Bunker auf dem Gelände der Reichskanzlei befanden. „Als wir in das Ruhezimmer Hitlers kamen, bemerkten wir ein über die Stuhllehne hängendes Jackett, in dem ich Hitler mehrmals gesehen habe. An der linken Seite des Jacketts waren das goldene Parteiabzeichen und das eiserne Kreuz erster Klasse befestigt. Glanzer und ich beschlossen uns die Abzeichen zum Andenken mit zu nehmen. Auf einer Kommode im Zimmer, lag eine Tafel Schokolade, die wir uns geteilt und aufgegessen haben“.

MACHTWECHSEL

Sobald das Infanteriefeuer in Berlin aufhörte, die letzten Granaten detonierten noch in der Nachbarschaft, gingen Ardenne und seine

Mitarbeiter mit dem „Schutzbrief" der Roten Armee in der Tasche, ganz offen dazu über, die Institutsgebäude in Lichterfelde-Ost wieder betriebsbereit zu machen und mit dem auf die Bunker verteilten Inventar fertig einzurichten sowie die unterirdischen Laboratorien in einen für die weitere Arbeit zweckmäßigen Zustand zu bringen.
Am 10. Mai 1945 erschien Generaloberst Machniow mit seinem Stab bei Manfred von Ardenne. Er war Beauftragter für den Sektor Wissenschaft und Technik und Verbindungsoffizier zur sowjetischen Akademie der Wissenschaften. Mitglieder dieser Gruppe waren, wie man später erfuhr, die bekannten Professoren Artzimovich, Flerow, Kikoin und Migoulin. Die Wissenschaftler dehnten die Besichtigung und die nachfolgende Besprechung über mehrere Stunden aus. Ihr Interesse galt Ardennes Arbeiten am Elektronenmikroskop. Beeindruckt waren die russischen Wissenschaftler auch von den kernphysikalischen Anlagen und der Unversehrtheit der Laboratorien. Schon vor Beginn der Besuche war das Ardenne-Institut durch eine starke Gruppe sowjetischer Soldaten unter Schutz gestellt worden.
Diese Wache riegelte in den folgenden Tagen das Areal in Berlin Tag und Nacht lückenlos ab. Machniow legte am Ende des Tages Ardenne nahe künftig für die Sowjets zu arbeiten. Am 19. Mai 1945 kam Generaloberst Machniow nochmals nach Lichterfelde-Ost. In seiner Begleitung befand sich diesmal auch der spätere Stellvertretende Ministerpräsident der Sowjetunion Generaloberst Saweniagin. Der Generaloberst unterbreitete Ardenne den Vorschlag den Aufbau und die Leitung eines großen, für die Sowjetunion arbeitenden, technisch-physikalischen Forschungsinstituts zu übernehmen. Seine Thematik sollte sein: Feinstrukturforschung (Elektronenmikroskopie, Raster-Elektronenmikroskopie, verschiedene Arten der Mikroanalyse) Anwendung der Indikatormethoden mit radioaktiven und stabilen Isotopen (kernphysikalische Messtechnik, magnetische Isotopentrennung und Massenspektrometrie), also eine Fortsetzung Ardennes Berliner Arbeiten und Forschung, dieses Mal jedoch für die Siegermacht Sowjetunion.

Zwei Tage später, am 21. Mai 1945, fuhren Ardenne und seine Frau unter militärischer Begleitung durch das zerstörte Berlin zum Flughafen Tempelhof. Von dort aus traten sie gemeinsam mit der Sekretärin Elsa Suchland, dem Schwiegervater Alexander Bergengruen und dem Biologen Dr. Wilhelm Menke eine Reise nach Moskau an.

WO SIND DIE DEUTSCHEN ATOM-FORSCHER

Nachdem am 11. Februar 1944 das Dahlemer Kaiser-Wilhelm-Institut von einer Fliegerbombe getroffen wurde verlegte das Rüstungsministerium Otto Hahns Institut in das kleine süddeutsche Städtchen Tailfingen, ganz in der Nähe von Hechingen und Haigerloch auf der schwäbischen Alb.
Zuvor wurde bereits das Zentrum der deutschen Atomforschung unter Werner Heisenberg von Berlin nach Hechingen ausgelagert. Die Arbeitsräume des Instituts waren in den beschlagnahmten Textilbetrieben Grotz und Conzelmann untergebracht.
Professor Hahns neues Quartier in Tailfingen, war nicht nur etwa ein Provisorium. Durch die Bereitstellung bedeutender Mittel konnte Hahn eine leistungsfähige Forschungsstätte aufbauen und zielstrebig seine Arbeit fortsetzen. Allerdings hätte sich diese Situation schlagartig geändert, wenn Heisenberg und Diebner die Uranmaschine im Schwanen-Wirt Bierkeller unter der barocken Schlosskirche von Haigerloch wirklich zum Laufen gebracht hätten. Dann wäre sofort auch Otto Hahn von den Militärs in das geheime Forschungsprojekt integriert worden. Auf ihn wäre das gesamte Arbeitsgebiet der Reaktorchemie zugekommen, einschließlich der Untersuchung des höllischen Plutoniums, des im Meiler entstehenden Bombensprengstoffs. Anfang März 1945 war alles bereit zum entscheidenden Versuch den Heisenberg und Wirtz leitete. Zu diesem Zweck hatte man das verfügbare Material buchstäblich bis auf das letzte Stäubchen zusammengekratzt: 1,5 Tonnen Uran und knapp 2 Tonnen schweres Wasser.

Im notdürftig erhellten Felsenkeller unter der Haigerlocher Schlosskirche starrten die versammelten „Höhlenforscher" gebannt auf die „Atommaschine". Langsam senkte sich der Deckel mit den an Ketten befestigten Uranwürfeln in das zylindrische Reaktorgefäß. Dann pumpte man behutsam das kostbare schwere Wasser in den Versuchsaufbau, unter laufender Kontrolle der Neutronenemission, die ständig anstieg und alle bisherigen Kenndaten übertraf.
Aber der Atommeiler wurde nicht kritisch. Heisenberg rechnete hastig und verkündete: Mit weiteren 750 Kilogramm Schwerwasser wäre die Reaktion unweigerlich in Gang gekommen oder mit mehr Uran. Damit war vorerst die letzte Runde um die deutsche Atomforschung im Haigerlocher Bierkeller eingeläutet. Alliierte Truppenverbände der Amerikaner und Franzosen standen bereits vor der Tür.
Am 24. April 1945 versammelten sich fast alle Einwohner vor dem Rathaus von Tailfingen, um gegen den letzten sinnlosen Befehl des „Dritten Reiches" zu protestieren. Sie sollten Panzersperren verstärken und den Widerstand gegen die heranrückenden alliierten französischen und amerikanischen Streitkräfte organisieren. Otto Hahn machte sich zu ihrem Sprecher und suchte den Bürgermeister auf. „Sie dürfen die Sperren nicht errichten", appellierte Hahn. „Der Führer hat den Widerstand bis zum letzten Mann befohlen", entgegnete der Bürgermeister, durch die Weigerung seiner Bevölkerung sehr beunruhigt.
„Der Führer kann uns jetzt gar nichts mehr befehlen", erwiderte Hahn furchtlos. „Sie wissen gar nicht, ob er sich nicht schon wie so viele andere nach Österreich oder sonst wo verzogen hat. Retten Sie ihre Stadt, so wird man Sie preisen. Leisten Sie sinnlosen Widerstand, so wird man Sie verfluchen". Panzergräben und Sperren wurden nicht errichtet und Tailfingen wurde entgegen dem Führerbefehl nicht verteidigt. Das hat die kleine schwäbische Stadt vor der sicheren Zerstörung bewahrt.
Am nächsten Tag, dem 25. April 1945 begann für Otto Hahn ein neuer Lebensabschnitt. Ein amerikanischer Stoßtrupp in Begleitung der

Alsos-Mannschaft besetzte Tailfingen und fuhr mit Panzerfahrzeugen direkt auf das Auslagerungsquartier des Berliner Kaiser-Wilhelm-Instituts zu. Das Gebäude wurde umstellt. Die anstürmenden Soldaten bedeuteten Professor Hahn, der krank und abgemagert aussah, er sei verhaftet. Als man ihn nach seinen Geheimakten und Arbeitsunterlagen fragte, sagte er nur schlicht: „Ich habe sie alle hier".
In einem Panzerspähwagen platzierte man Otto Hahn zwischen zwei bis an die Zähne bewaffnete US-Soldaten. Dann setzen sich die Kolonne in Bewegung, voran ein Panzer, dahinter ein zweiter und mehrere Militärfahrzeuge. In Hechingen traf Hahn mit den bereits arretierten Kollegen Bagge, Laue, Weizszäcker und Wirth zusammen. „Hahn zu fassen war einfach". Mit diesen Worten tat Groves, der Leiter des amerikanischen Atomwaffenprogramms, den Vorfall ab. Schwierigkeiten bereitete ihm dagegen Heisenberg, der verschwunden war, als ob ihn der Erdboden verschluckt hätte. Gerade ihn musste Groves haben: „Heisenberg war uns zur Zeit des deutschen Zusammenbruchs mehr wert als zehn deutsche Divisionen", begründete der General in seinen Memoiren die getroffenen Maßnahmen. Er wollte unbedingt verhindern, dass ein Mann wie Heisenberg „den Russen in die Hände fiel".Dabei war Heisenberg keinesfalls geflohen. Er hatte sich lediglich auf sein Fahrrad geschwungen und war zu seiner Familie gefahren. Heisenberg musste geahnt haben, was ihm bevorstand. Er hatte seine Koffer bereits gepackt, als US-Soldaten mit Maschinenpistolen im Anschlag erschienen …
Als man die gefangenen Atomforscher in Richtung Frankreich abtransportierte, begegneten dem amerikanischen Konvoi unterwegs lange Militärkolonnen der Franzosen. Es war eine groteske Situation, urteilte Hahn, zu sehen, wie sich die Alliierten gegenseitig die deutsche Wissenschaftler und deren technische Errungenschaften abjagten. Als kurze Zeit später die Franzosen in Hechingen eintrafen und den Befehl erließen, die gesamten Uranvorräte abzuliefern, überreichte man ihnen ein Stück aus dem Labor in der Größe eines Zuckerwürfels. Auch von dem ehemaligen Standort des Haigerlocher Uran-

meilers war nicht mehr als ein Trümmerhaufen übrig geblieben. Die Amerikaner hatten ganze Arbeit geleistet und die Anlagen gesprengt, bevor ihre eigenen Verbündeten anrückten.
Nach mehreren Zwischenstationen quartierte man die festgenommenen Wissenschaftler aus Hahns Institut in ein verwahrlostes Schloss in Versailles bei Paris ein.
Kurz darauf brachte man auch die verhafteten Heisenberg und Diebner zu ihnen. Als letztes komplettierten Hartneck und Gerlach den Kreis jener Atomforscher, die US-General Groves haben wollte: Hahn – Heisenberg – von Laue – von Weizsäcker – Gerlach – Bagge – Diebner – Hartneck – Korsching – Wirtz. Man ließ die Wissenschaftler fühlen, dass sie „Kriegsgefangene" seien. Kontakte zur Bevölkerung oder zu Soldaten wurden streng unterbunden. US-General Eisenhower hatte dazu unlängst die Parole ausgegeben: „No fraternising!" (Keine Verbrüderung).
Erst viele Jahre später sollte bekannt werden, an welch seidenen Faden das Schicksal der zehn deutschen Forscher gehangen hatte. Reginald V. Jones, Chef der wissenschaftlichen Abwehr der Royal Air Force, teile 1967 mit, dass die Gelehrten auf seine persönliche Veranlassung hin nach England gebracht worden seien. Der britische Abwehrchef durchkreuzte mit dieser Maßnahme den Plan eines hart gesottenen amerikanischen Generals, dessen Namen er nicht nennen wollte. Dieser beabsichtigte, das „Problem der Kernenergie im Nachkriegsdeutschland" auf seine Weise zu lösen, indem er vorschlug, die gefangenen Atomforscher einfach erschießen zu lassen.
Auf dem Weg nach England trafen die Internierten am 4. Juni 1945 in Belgien ein. Diesmal waren sie komfortabler untergebracht, in einem in englischem Stil erbauten Jagdschlösschen Facqueval, im Ardenner Wald. Einen Monat später ging es direkt nach England. Ohne Zwischenstopp landete die englische Transportmaschine auf einem Militärflughafen in der Nähe von Cambridge, im Südosten Englands. Noch am selben Tag, am 3. Juli 1945, bezogen die zehn Forscher aus Deutschland ihr neues Quartier, im Landhaus Farm Hall.

Auch nach ihrer Ankunft in Farm Hall durften die Wissenschaftler ihre nächsten Angehörigen nicht über den derzeitigen Aufenthaltsort benachrichtigen. Das ungewisse Schicksal ihrer zurückgelassenen Familien erfüllte sie mit Sorge. Täglich mahnte man die Engländer wegen der Genehmigung zum Briefschreiben. Ganz überraschend traf am 5. August 1945 die telefonische Nachricht in Farm Hall ein, die amerikanische Regierung in Washington haben in dieser Angelegenheit endlich grünes Licht gegeben: Die Deutschen dürfen in die Heimat schreiben, aber unter Zensur.
Heute weiß man, dass zwischen dieser Erlaubnis und der offiziellen US-Politik ein enger, wenn auch zunächst nicht wahrnehmbarer Zusammenhang bestand. Es ist Tatsache, dass die Amerikaner die Genehmigung zur Aufhebung der Kontaktsperre für die deutschen Wissenschaftler erst nach dem 15. Juli 1945 erteilt haben.

DER ERSTE TEST

An jenem Tag nämlich zündeten die Amerikaner in der Wüstenlandschaft von New Mexico ihre erste Atombombe. Der Termin für die Testexplosion war bis zuletzt hinausgeschoben worden, sehr zum Leidwesen der Politiker und Militärs. Aber die auf Hochtouren laufende Atomindustrie der USA konnte die erforderliche Menge Bombensprengstoff – 6 Kilogramm Plutonium – nicht früher zur Verfügung stellen. Inzwischen hatte Deutschland, wo die erste Bombe auf Dresden fallen sollte, längst kapituliert.
Die amerikanische Atomexplosion auf dem Testgelände Withe Sands in der Wüste von New Mexico war erfolgreich und der nach dem Tod von Roosevelt am 12. April 1945 nachfolgende amerikanische Präsident Harry S. Truman, dem man die Nachricht zur Konferenz von Potsdam in das Schloss Cäcilienhof übermittelt hatte, versuchte gleich Stalin die so gewonnene amerikanische „Überlegenheit“ begreiflich zu machen. „Wir sind höchstwahrscheinlich sehr bald im Besitz einer

neuen Waffe, die alle bisherigen bei weitem an Zerstörungskraft übertrifft", sagte Truman am 24. Juli 1945 wie beiläufig zu dem sowjetischen Delegationsführer. Stalin zeigte sich völlig unbeeindruckt.
„Er muss mich nicht verstanden haben", meinte Truman enttäuscht zu Winston Churchill. Als Stalin am Abend im Kreis der sowjetischen Delegation den Konferenztag auswertete, meinte er zu jener Begebenheit: „Man muss mit Professor Kurtschatow sprechen, damit er unsere Arbeiten beschleunigt".
Dann kam der unsägliche 6. August 1945. Hiroshima wurde durch die erste Atombombe der USA dem Erdboden gleichgemacht. Es war eine Uranbombe. Die zweite, eine Plutoniumbombe, fiel wenige Tage später auf Nagasaki.
„Ist es nicht ein Treppenwitz der Weltgeschichte", schrieb Erich Bagge in sein Tagebuch, „dass wir am 6. August morgens die ersten Briefe an unseren Angehörigen abgeben durften, wir, unter denen sich Prof. Hahn, der Entdecker der Uranspaltung, befindet – am 6.8., genau an dem Tage, an welchem die erste Uranbombe eine japanische Großstadt zertrümmerte …?"
Schlagartig wurde allen Wissenschaftlern in Farm Hhall klar, warum sie „detained" waren, weshalb man alle Dokumente der deutschen Atomforschung kassiert, die Anlagen demontiert und zuletzt den Haigerlocher Versuchsmeiler gesprengt hatte. Die USA wollten sich mit allen Mitteln das Atombombenmonopol sichern. Die Internierung der deutschen Wissenschaftler auf der britischen Insel dauerte daher auch bis 1946. Freude löste erst wieder die lang ersehnte Nachricht aus, dass die Heimkehr der Atomspezialisten nun endgültig für den 3. Januar 1946 festgesetzt worden war. In den allgemeinen Jubel mischte sich auch Verwunderung. Warum dieser Termin und nicht schon zu Weihnachten? Die Lösung war relativ einfach: Nach den englischen Gesetzen musste innerhalb von sechs Monaten eine stichhaltige Begründung gefunden werden, die einen weiteren zwangsweisen Aufenthalt von Ausländern auf britischem Territorium rechtfertigte. Die Briten fanden keine. Aber sie schöpften das Gesetz maximal aus. Am

3. Januar brachte eine britische Militärmaschine Otto Hahn und seine Kollegen in das vom Krieg verwüstete Deutschland zurück.
Die zehn Wissenschaftler kamen zuerst nach Alswede, in eine kaum fünfhundert Einwohner zählende Ortschaft in der Nähe bei Minden. Der Aufenthalt in der abgeschiedenen Ortschaft und die besondere „Gastfreundschaft" der britischen Besatzungsmacht hatte auch sein Gutes. So konnten sich die zehn Atomforscher erstmal der neugierigen Öffentlichkeit entziehen. Das änderte sich, als Hahn, von Laue und Harteck von den Engländern die Erlaubnis erhielten, an der vom 23. bis 24. Januar 1946 in Hamburg stattfindende Röntgen-Feier teilzunehmen. Es war ein denkwürdiges Jubiläum. Genau vor fünfzig Jahren hatte mit der Entdeckung der Röntgenstrahlen das Zeitalter der Atomforschung begonnen.

FERMIS ATOMMEILER

In Hanford entstanden auf 1.800 Quadratkilometern, am Columbia River, industrielle Großanlagen zur Herstellung des Elements 94, dessen Bedeutung als Atomsprengstoff die Amerikaner gleichfalls 1941 richtig erkannt hatten.
Zwölf Tage nach einem entscheidenden Experiment Fermis begannen sofort in Hanford die Bauarbeiten für eine riesige Anlage zur Herstellung des Bombensprengstoffs Uran 235, die Plutoniumfabrik.
Unter der Tribüne eines Sportstadions in Chicago hatte Enrico Fermi seinen „Atommeiler" aus 6 Tonnen Uran, 36,6 Tonnen Uranoxid und 315 Tonnen reinstem Graphit aufgeschichtet und mit Erfolg „gezündet". Zum ersten Mal in der Weltgeschichte produzierte am 2. Dezember 1942 eine „Uranmaschine" laufend Energie, wenn auch zunächst nur 200 Watt. Den Amerikanern war damit der entscheidende Durchbruch gelungen, unter Verwendung eines Moderators: Graphit. Eine sich selbst erhaltende Kettenreaktion war in Gang gesetzt worden, moderierfähig, ohne dass sie explodierte.

Bereits im Frühjahr 1941 hatte ein amerikanisches Forscherteam unter Glenn T. Seaborg Mikrogrammengen des Elements 94 im Labor hergestellt und die Spaltbarkeit des Isotops 239 nachgewiesen. Die Atomindustrie wartete gespannt auf weitere Forschungsergebnisse, um das im Uranmeiler entstehende Plutonium abtrennen zu können. Selbstverständlich musste man erst dazu die chemischen Eigenschaften dieses künstlichen Elements kennen. Ende des Jahres 1942 lagen ganze 500 Mikrogramm eines gereinigten Plutoniumsalzes vor – eine Menge, zu klein um einen etwa einen Stecknadelkopf fertigen zu können. Dennoch untersuchte Seaborg in Los Alamos mit ausgeklügelten Methoden der Uranmikrochemie sehr gründlich die Eigenschaften dieses echten Transurans. Seaborgs wissenschaftliche Leistung schuf die Grundlage für die technische Plutoniumgewinnung in Hanford.

LOS ALAMOS

Inmitten der Wüste von New Mexico, auf einem unwegsamen Hochplateau entstand das eigentliche Atombombenlabor der USA: Los Alamos. Hier arbeiteten viele prominente Atomforscher unter Robert Oppenheimer, dem „Vater der Atombombe", an der Endstufe, an der Zusammensetzung des reinen Plutoniums 239 oder Urans 235 zu einem atomaren Sprengstoff.
Obwohl Oppenheimer später, von Bedenken geplagt, erklärte, er und seine Mitarbeiter hätten in Los Alamos das „Handwerk des Teufels getan", fand er es zunächst „technically sweet". daran zu arbeiten. Als man wusste, dass die Bombe „machbar" sei, war auch Enrico Fermi noch geblendet von der „schönen Physik". Wie es schon Heisenberg 1942 der deutschen Generalität in Berlin erklärte, war der eigentliche atomare Sprengsatz tatsächlich „nicht größer als eine Ananas". Als sich dann die westlichen Alliierten in Frankreich auf ihre Invasion vorbereiteten, war es kein geringerer als General Groves, der den alliierten Einsatzstab vor radioaktive verseuchten Sperrgebieten in

Deutschland warnte, die die deutschen Waffentechniker im „Dritten Reich" hinterlassen haben könnten. Das war im März 1944! Meinte er etwa die Forschungs-Standorte in Thüringen, auf Rügen oder bei Haigerloch?

DECKNAME „SONJA"

Gut drei Monate nach der Geheimkonferenz im Haus der Deutschen Forschung, Berlin-Steglitz, Grunewaldstraße 35, über „Kernphysik als Waffe", von Prof. Dr. Schumann, vor hohen Offizieren der deutschen Wehrmacht, forderte, im Mai 1942 in Moskau, der sowjetische Kernphysiker Georgi N. Flerow das Staatliche Verteidigungskomitee auf, „unverzüglich mit der Herstellung der Uranbombe zu beginnen".
Zu dieser Zeit verfügte die Sowjetunion bereits über detaillierte Informationen, wonach in Deutschland, England und in den USA unter strengster Geheimhaltung an Atomwaffen gearbeitet werde. Nach der deutschen Niederlage von Stalingrad und die Rote Armee die deutsche Wehrmacht aus dem eigenen Land immer weiter zurückdrängen konnte, wurde unter Leitung von Igor W. Kurtschatow das sowjetische Atomforschungsprogramm forciert. Die großen Verluste, die der Krieg Russland zugefügt hatte, verhinderten jedoch zunächst den Aufbau einer so gewaltigen Atomindustrie, wie sie in den Vereinigten Staaten aus dem Boden gestampft werden konnte. Der Sowjetunion wurde dann sozusagen aus der Westentasche die Atombombe offeriert, unter anderen von Klaus Emil Julius Fuchs, ein deutsch-britischer Kernphysiker, geboren 1911 in Rüsselsheim am Main. Er war direkt im Zentrum des amerikanisch-englischem Atombombenprojekts in Los Alamos beschäftigt und wurde später als verurteilter Atomspion weltbekannt. Klaus Fuchs, erst SPD- und dann KPD-Mitglied in Berlin, später Student der Mathematik und Physik flüchtete nach dem Reichstagsbrand von 1933, kurz vor seiner bevorstehenden Verhaftung durch die Gestapo nach Paris. Sein in Großbritannien

lebender Cousin verfügte über Verbindungen, die es Fuchs ermöglichten in Edinburg und in Bristol sein Physikstudium fortzusetzen. Zur Kernphysik kam Fuchs, nachdem er als Stipendiat beim Physiker und Nobelpreisträger Max Born in Edinburgh eine gut dotierte Stelle angeboten bekam, dort hat er auch 1938 promoviert. Nach kurzer Internierung wurde Klaus Fuchs 1942 offiziell britischer Staatsbürger. Seine kernphysikalischen Arbeiten setzte er ab Mai 1941 bis 1943 im Rahmen des britischen Atomprogramms „Tube alloys" an der Universität Birmingham bei Rudolf Peierls fort. In Oxfort lernte Fuchs Ursula-Maria Kuczyinski kennen, sie hatte mittlerweile, zurück aus Shanghai, in der Schweiz einen britischen Staatsbürger geheiratet und arbeitete von 1941 bis 1949 als Top-Agentin unter dem Decknamen „Sonja" für den sowjetischen Militärgeheim dienst (GPU) in Großbritannien. Aus England funkte „Sonja" geheime Forschungsdaten von Klaus Fuchs nach Moskau.

Immer auf Fahrradtouren durch die britischen Wälder trifft sie Klaus Fuchs. Beide waren dabei, „den Göttern in Los Alamos Blitz und Donner zu stehlen. Bekannt als Ruth Werner, lebte sie nach dem Krieg ab 1949 in der DDR. Schon 1933 war die überzeugte Spionin in Moskau vom Geheimdienst ausgebildet worden. Ihr letzter Rang: „Oberst der Roten Armee". 1990, nach dem Beitritt der DDR zur Bundesrepublik Deutschland wurde Ruth Werner Mitglied der PDS in Berlin. Bis zu seiner Enttarnung berichtete Klaus Fuchs der Super-Spionin „Sonja" die auch im Zusammenhang mit dem Meisterspion Richard Sorge Berühmtheit erlangte, intensiv über die Atombombentechnik in England und den USA. (Richard Sorge, mit dem Ruth Werner in China zusammentraf, war Korrespondent der Frankfurter Allgemeinen Zeitung in Tokio, er verriet an die Sowjetunion geheime japanischen Aufmarschpläne. 1944 wurde Sorge von den Japanern hingerichtet). Als die Amerikaner und Briten ihre Atombombenforschung in Los Alamos zusammenführten gelangte auch der talentierte Physiker Klaus Fuchs mit ins Boot. Da er aus dem britischen Geheimprogramm übernommen wurde, unterließen die Amerikaner die übliche

Sicherheitsüberprüfung. In der Wüste von New Mexico war Fuchs maßgeblich an der Entwicklung der amerikanischen Plutoniumbombe „Fat Man“ beteiligt. Nachdem man über vierzig Jahre lang nach dem Zweiten Weltkrieg davon ausgegangen war, dass Klaus Fuchs der einzige Physiker aus dem Manhattan Projekt in Los Alamos war, der Informationen über den Bau der amerikanischen Atombombe an die Sowjetunion weitergab, bestätigte die Freigabe und Veröffentlichung durch den militärischen Geheimdienst der USA den zweiten, vermuteten Atomspion Theodore Alvin Hall. Sein sowjetischer Deckname war „MLAD“. Hall hatte 1944 wichtiges Material über die Implosions-Methode und andere Aspekte der Konstruktion an die Sowjets übergeben. Hall wurde bereits 1950 verdächtigt, bestritt aber zu jener Zeit alle Anschuldigungen und wurde nie verurteilt. Klaus Fuchs hingegen sollte 1950 wegen seiner wissenschaftlichen Leistungen im Atomprogramm der Briten und Amerikaner in die altehrwürdige britische Wissenschaftsakademie Royal Society aufgenommen werden. Doch dazu kam es nicht mehr. Denn im selben Jahr wurde er als Spion enttarnt und wegen Spionage für die Sowjetunion in England zu 14 Jahren Freiheitsstrafe verurteilt. Auch die britische Staatsbürgerschaft wurde ihm aberkannt. Seine Spionagetätigkeit erklärte er als ein Handeln aus Solidarität zur Sowjetunion, die er im Kampf gegen Hitlerdeutschland unterstützen wollte. 1959 wurde Klaus Fuchs begnadigt und reiste zu seinem Vater nach Leipzig. In der DDR heiratete er noch im selben Jahr die ehemalige Abteilungsleiterin für Kaderfragen im ZK der SED Margarete Keilson. Bis 1974 war er stellvertretender Direktor des Zentralinstituts für Kernforschung (ZfK) in Dresden-Rossendorf und leitete den Bereich Theoretische Physik. Während seiner zusätzlichen Lehrtätigkeit an der TU Dresden übergab er einem hochbegabten chinesischen Physikstudenten sein Atombombenwissen damals noch mit Unterstützung der Sowjetunion für die kommunistische Volksrepublik China weiter. Am 16. Oktober 1964 gab dann China die Zündung ihrer ersten Atombombe bekannt.

DER „HAUFEN NARREN“

Aus Furcht vor Hitlers Atombombe unternahmen prominente Emigranten in Amerika einen außergewöhnlichen Schritt. Die Namen von drei deutschen Wissenschaftlern sollten in diesem Zusammenhang Geschichte machen: Einstein, Szilard, Wigner. Leo Szilard galt als entschiedener Gegner Hitlers und musste 1933 als Jude Deutschland verlassen. Auch Eugen P. Wigner war gezwungen, seine Stellung als Privatdozent an der TH Berlin-Charlottenburg aufgeben. Im Juli 1939 suchten Szilard und Wigner ihren berühmten Kollegen auf, um mit ihm ihre Befürchtungen zu sprechen. Einstein zeigte sich überrascht. An die Möglichkeit, dass Hitler über eine Atomwaffe verfügen konnte, ja diese überhaupt herstellbar sei, hatte auch der aus Berlin emigrierte Nobelpreisträger noch nicht gedacht. Nach Otto Hahns und Fritz Straßmanns Entdeckung vom Prinzip der Kernspaltung, erschien auch ihm die Situation bedrohlich. Ohne zu zögern, erklärte sich der berühmte Gelehrte aus Deutschland bereit, seinen Namen unter einen Aufruf an den Präsidenten der Vereinigten Staaten von Amerika zu setzen.

Am 2. August 1939 unterzeichnete Einstein den gemeinsam entworfenen Brief an Präsident Roosevelt, der eine Aufforderung und Warnung zugleich war. Aufgrund der neu entdeckten Uranspaltung sei es jetzt möglich, „neuartige Bomben von höchster Detonationsgewalt“ herzustellen, heißt es darin. „Eine einzige Bombe dieser Art, auf einem Schiff befördert und in einem Hafen explodiert, könnte unter Umständen den ganzen Hafen und Teile der umliegenden Gebiete völlig vernichten“. Deutschland habe bereits jetzt staatliche Maßnahmen ergriffen, um die Uranforschung voranzutreiben. Man wisse, dass der Sohn des Staatsekretärs im Auswärtigen Amt, von Weizsäcker, eng mit dem Kaiser-Wilhelm-Institut in Berlin zusammenarbeite, in dem diese Uranexperimente ausgeführt würden.

Einsteins Brief, inzwischen ein historisches Dokument, bildete den Auftakt für das zentrale US-amerikanische Atomprojekt. Als die USA selbst in den Krieg eintraten und sich die Nachrichten aus Deutschland von einem alarmierenden Vorsprung der deutschen Atomforschung häuften, erhielt das US-Atomprogramm die höchste Dringlichkeitsstufe. Amerikanisches Militär nahm das „Manhattan Project", wie die Tarnbezeichnung hieß, fest in ihre Hände. Unter der Leitung von General Leslie R. Groves fasste man alle bedeutenden Atomforscher und Hunderttausende von Technikern und Arbeitern zusammen. Ein gigantisches Vorhaben. Groves hatte sich zuvor beim Bau des Pentagon, des US-Kriegministeriums, den er in Rekordzeiten realisierte, einen Namen gemacht. Jetzt hatte er das besondere „Vergnügen", die bisher größte Ansammlung von „crack-pots" (unberechenbare Narren) zu beaufsichtigen, wie er einmal zynisch äußerte. Damit bezeichnete der General Wissenschaftler von Rang, wie Bethe, Fermi, Frank, Lawrence, Nier, Oppenheimer, Seaborg, Szilard,Teller, Urey, und Wigner. Später stießen Fritsch und Peierls, zeitweise auch Niels Bohr dazu, der 1943 nach einer abenteuerlichen Flucht aus Kopenhagen knapp der Verfolgung durch die Gestapo entkommen konnte.

Um diese „Anhäufung von Narren" und ihre geheime Tätigkeit zog General Groves mit Unterstützung der amerikanischen Geheimdienste und des FBI ein stählernes Abwehrnetz. Auf diese Weise sollten die Arbeiten an der amerikanischen Atombombe – das „bestgehütete Geheimnis des Zweiten Weltkrieges", wie Groves glaubte – vor den Augen der Öffentlichkeit lückenlos abgeschirmt werden.

Auch Otto Robert Frisch, Lise Meitners Neffe, der zusammen mit ihr, die erste theoretische Erklärung für die Uranspaltung gegeben hatte, war während eines Kongresses in England vom Ausbruch des Krieges überrascht worden. Er blieb in Birmingham. Gemeinsam mit einem anderen Emigranten, Rudolf Peierls, arbeitet er 1940 einen Plan über die „Konstruktion einer Superbombe" aus. Dieser Bericht und ein weiters Memorandum bildeten den Auftakt zu einem britischen Atomforschungsprogramm, das Ende 1941 unter dem Decknamen „Tube Alloys" (Rohrlegierungen) anlief und später in das US-amerikanische „Manhattan Project" einbezogen werden sollte.

Die US-Regierung hat für ihr „Manhattan Project“ die größten Konzerne des Landes eingespannt. Insgesamt zwei Milliarden Dollar kostete der Bombenbau bis 1945 in Amerika. Die amerikanische Industrie verdiente Unsummen an der Entwicklung der Atombombe, machte riesige Profite. In abgeschiedenen Gegenden schossen Städte wie Pilze aus der Erde, in Oak Ridge, im Staate Tennessee, erbaute man kilometerlange Fabrikanlagen zur Trennung der Uranisotope nach dem Gasdiffusions- und dem elektromagnetischen Verfahren. Als nach dem Krieg Einzelheiten darüber bekannt wurden, stellte Manfred von Ardenne fest, dass die Amerikaner im Großen und Ganzen dasselbe Prinzip wie er, nämlich magnetische Isotopentrenner mit Plasma Ionenquellen, angewandt hatten.

STALINS BOMBE EXPLODIERT

Unter den Gästen, die in den Abendstunden des 23. September 1949 den Rheindampfer in Bonn verließen, befanden sich illustre Passagiere: Otto Hahn, Max von Laue und Lise Meitner. Sie waren von der Physikalischen Gesellschaft eingeladen worden, die ihre Jahrestagung in Bonn abhielt.

Als das Forschertrio nach ihrer Rückkehr angeregt über die Rheinfahrt plauderten, hörten sie zufällig, wie andere Kollegen über eine soeben durchgegebene Rundfunkmeldung diskutierten: Präsident Truman habe am Nachmittag eine wichtige Erklärung abgegeben. Hahn war sofort irgendwie unangenehm berührt, denn in ihm stieg wieder der Gedanke an die BBC Sendung vom 6. August 1945 auf, die er damals in Farm Hall anhören musste. „Es wird doch nicht wieder eine Atombombe explodiert sein?“, stellte er die Bange Frage. Zu seiner Verblüffung bestätigte man seinen Verdacht. Aber diesmal handelte sich es um eine Bombe, deren Detonation nur das Weiße Haus richtig in Unruhe versetzt hatte. Die Meldung besagte, dass in der Sowjetunion eine „Atomexplosion“ stattgefunden habe.

Für die Regierung der Vereinigten Staaten von Amerika, die ihr Atombombenmonopol wie ein nationales Heiligtum hochhielt, brach regelrecht ein Traum zusammen. Hatten doch ihre Experten bis zu Letzt versichert, dass noch „wenigstens zwei Jahre" vergehen würden, bis die Russen über eine Atombombe verfügen. Nun war das US-Monopol gebrochen, das militärische Gleichgewicht zwischen den beiden Großmächten war nun hergestellt.
Diese so überraschende Wendung löste im amerikanischen Kriegsministerium Panikstimmung aus. Eine wilde Jagd auf „Atomspione" die man natürlich unter den Kommunisten vermutete, setzte ein. Trotz internationaler Proteste wird in diesem Zusammenhang am 20. Juni 1953 das Ehepaar Ethel und Julius Rosenberg in Amerika auf dem elektrischen Stuhl hingerichtet.
Sie sind angeklagt, an der Weitergabe von amerikanischen Atomgeheimnissen an die Sowjetunion beteiligt zu sein. Beiden kann jedoch bestenfalls eine mittelbare Täterschaft nachgewiesen werden. Als 1950 Klaus Fuchs in England als Atomspion enttarnt und zu 14 Jahren Freiheitsstrafe verurteilt wurde, führte sein Geständnis das FBI in Amerika zu seinem Kontaktmann Harry Gold, der wiederum die Spur eröffnete zu David Greenglass und Ethel Rosenberg, eine geborene Greenglass. David Grennglass, Bruder von Ethel Rosenberg hat als FBI-Kronzeuge seine eigene Schwester und seinen Schwager schwer belastet nur um seine eigene Frau vor einer Strafverfolgung zu schützen. Harry Golds Führungsoffizier war John, auch bekannt als „Jakolew" – Anatoli Jazkow – er fungierte den gesamten Weltkrieg über als Resident des sowjetischen NKWD in New York. Man war ihm dort nie auf die Spur gekommen.

DIE RUSSEN KOMMEN

Gleich nach Bekanntwerden des ersten erfolgreichen Atombombentests in der UdSSR rollt in den USA eine Welle antikommunistischer

Propaganda und ein atomares Aufrüsten ungeahnter Größe an. Nicht nur der republikanische Senator Joseph McCarthy denunzierte fast jeden bekannten Kommunisten, er wollte den Kommunismus in Amerika ausrotten. Gleichzeitig stieg die Angst vor einem Dritten Weltkrieg mit Atombomben in der Bevölkerung, sie wurde mit kaum zu überbietender Hysterie heraufbeschworen. Im amerikanischen Mittelstand hat sich hartnäckig das Gerücht gehalten, dass das demokratisch geführte Außenministerium und sogar die US-Army kommunistisch unterwandert seien.

Mit dem Aufschrei „Die Russen kommen!“ stürzte James Forrestal in Washington aus dem Bett und auf die Straße, irrte herum und landete schließlich in einer Nervenklinik. Ähnliche Szenen wiederholten sich in ganz Amerika und es ist im einzeln auch nicht besonders erwähnenswert, wenn Mister Forrestal nicht der Kriegsminister der Vereinigten Staaten gewesen wäre. Der Vorfall machte Schlagzeilen in der Weltpresse. Was hätte wohl geschehen können, wenn dieser „Durchgeknallte“, anstatt im Nachthemd auf die Straße zu laufen, auf den „Roten Knopf“ gedrückt hätte, fragten sich viele beklommen.

Über Forrestal wissen wir heute aber, dass er sich mit Präsident Trumann heftigst wegen des US-Militärhaushaltes zerstritten hatte.Sofort streute Trumanns Journalistenequipe bitterböse Gerüchte über Forrestals Geisteszustand. Trumann erzwang dadurch seinen Rücktritt. Kurz darauf stürzte Forrestal aus dem Fenster eines Sanatoriums und starb an den Folgen. Die offizielle Stellungnahme des Weißen Hauses: „Forrestal hatte mentale Depressionen“.

Ungeachtet dessen begann ein Wettrüsten zwischen West und Ost. Eigentlich noch intensiver, denn das amerikanische Millitär sanktionierte den Bau der größten Vernichtungswaffe, die die Menschheit bis dahin kannte, der thermonuklearen Wasserstoffbombe, die sogenannte H-Bombe.

Bis zum 1. November 1952 gab es im inmitten des Pazifischen Ozeans ein idyllisches, mit Palmen bewachsenes Eiland: Die Insel Elugelab.

Sie gehörte zum Eniwetok-Atoll der Marschallinseln. Ab diesem Datum aber existierte das Eiland nicht mehr. Sie wurde durch die erste thermonukleare Explosion von der Landkarte gestrichen. Die „Super", wie sie amerikanische Waffenexperten nannten, entlud eine Sprengkraft von 3 Megatonnen TNT. Das entspricht der Gesamtstärke sämtlicher im Zweiten Weltkrieg eingesetzten Bomben. Wo sich einst die Insel befand, gähnte auf dem Grund des Pazifiks ein Krater von 1,5 Kilometer Durchmesser und 150 Meter Tiefe. Alle größeren Erdbebenstationen der Welt registrierten die Schockwelle der Explosion, des ersten von Menschenhand ausgelösten Erdbebens.

In Washington war man jetzt überzeugt, den Verlust des Atombombenmonopols wettgemacht und wieder einen Vorsprung gegenüber der Sowjetunion errungen zu haben. Diese Vorstellung sollte nur ein Dreivierteljahr währen.

Am 12. August 1953 explodierte darauf hin die erste russische Wasserstoffbombe. Militärs und Politiker in den USA waren schockiert, als ihre Spezialisten berichteten, die UdSSR verfüge bereits über eine „trockene" Wasserstoffbombe mit den Zündstoff Lithiumdeuterid. Weil der Sowjetunion auf lange Sicht die Entwicklung einer technisch derart aufwendigen Waffe nicht zugetraut wurde, sah man jetzt die wissenschaftliche Vorrangstellung des Westens wieder rum in Gefahr. Und eine „trockene" Bombe war auf Grund ihrer Abmessungen sofort militärisch einsatzfähig. Die amerikanische Bombe vom November 1952 im Pazifik war dagegen ein Monstrum von 65 Tonnen. Sie glich einer riesigen „Kühltruhe", denn das verwendete Zündgemisch von Deuterium und Tritium musste durch Tiefkühlung flüssig gehalten werden. Kein amerikanisches Kampfflugzeug war bis dato in der Lage dieses Ungetüm sicher ins Ziel zu fliegen.

Doch im „Giftschrank" des Pentagon ruhte schon längst ein weiteres „bombastisches" Reißbrettprojekt. Den Bau dieser „Überwaffe" haben die Amerikaner unter ihrem einstigen Präsidenten Rossevelt von der Demokratischen Partei nicht ernstlich zu diskutieren gewagt. Erst als nach zwanzig Jahren demokratischer Vorherrschaft in Ameri-

ka, zum ersten Mal ein republikanischer Präsident Einzug ins Weiße Haus hielt, gewannen die „Falken" gegenüber den „Tauben" wieder die Oberhand im Kriegsministerium. Nach seinem triumphalen Wahlsieg am 4. November 1952 wird der einstige Viersternegeneral des Zweiten Weltkrieges, Dwigth D. Eisenhower am 20. Januar 1953 als 33. Präsident der Vereinigten Staaten inauguriert. Die USA geht mit ihm auf einen neuen Kurs: Gegenüber den kommunistischen Ländern wird ein unnachgiebiger Ton angeschlagen, nicht zuletzt auf Grund der gerade bekanntgegebenen Entwicklung der sowjetischen Wasserstoffbombe.
Am 1. März 1954 zündeten die USA, ebenfalls in der Region der pazifischen Marshallinseln, ihre erste sogenannte Dreistufenbombe, auch „Fission-Fusion-Fission-Bomb" genannt. Ihre Detonationswirkung betrug wenigsten 15 Megatonnen TNT. Als Zünder für die eigentliche Wasserstoffbombe diente ein komplizierter Atomsprengkörper. Beide eingehüllt in einem Mantel aus Uran (U238), das sich unter der H-Bombenexplosion ebenfalls als spaltbar erweist.
Die amerikanische H-Bombe erreicht die doppelte vorausberechnete Stärke. Insgesamt 287 Menschen in einem Umkreis von 255 Kilometern werden durch radioaktive Niederschläge verletzt; am schlimmsten sind tragischer Weise 23 japanische Fischer betroffen, die nur 60 Kilometer vom Explosionsort von einem Ascheregen bedeckt werden. Einer von ihnen stirb nach wenigen Tagen, die anderen sind von unheilbaren Folgen der Verseuchung gezeichnet.
Dwigth D. Eisenhower, selbst erschrocken über die neue „Superbombe", gibt zu, das der Versuch der Kontrolle der Wissenschaftler entglitten ist. In der Weltöffentlichkeit wird erhebliche Besorgnis laut, ob nicht die andauernden Atomversuche gesundheitliche Gefahren weit über das eigentliche Testgebiet hinaus bewirken können. So sind radioaktive Niederschläge schon in der Nähe von Heidelberg festgestellt worden. Die Amerikaner hatten jetzt den neuen atomaren „Angstmacher", wieder ganz für sich allein. Noch!
Überraschend wird der Atomphysiker Robert J. Oppenheimer von allen weiteren Atombombenprojekten der USA ausgeschlossen. Diese

Maßnahme der Atomenergiekommission geht auf die massive Kritik Oppenheimers an den laufenden Versuchen zur Wasserstoffbombe zurück. Oppenheimer ist seit 1942 an der Entwicklung der amerikanischen Kernwaffen beteiligt gewesen und hat das „Manhattan-Projekt“ in Los Alamos geleitet. Neben der Kritik am Wasserstoffbombenprojekt werden dem Wissenschaftler auch Kontakte zu Kommunisten vorgeworfen. Das genügte, um den „Vater“ der amerikanischen Atombombe gesellschaftlich und praktisch kaltzustellen. Eduard Teller, der hauptsächlich aus Eigeninteresse die Reputation Oppenheimers zerstören half, gehörte verwunderlicher Weise wie Oppenheimer zu den Schülern des deutschen Physikers Max Born eines entschiedenen Atomwaffengegners. Teller der sich als Konstrukteur der amerikanischen Wasserstoffbombe hervortat, zählte in den Staaten zu jenen linientreuen Forschern, die die Bombentests der Amerikaner uneingeschränkt befürworteten. Von ihm stammt auch die lächerliche Einschätzung, wonach der über die Erde verbreitete radioaktive Niederschlag einer Testbombe „ebenso gefährlich für die menschliche Gesundheit sei wie ein Übergewicht von 30 Gramm“. Max Born stellte nach dem Krieg bekümmert fest: „Es ist schön, so kluge und tüchtige Schüler gehabt zu haben und doch wünschte ich, sie wären weniger klug als weise. Nun ist durch ihre Klugheit die Menschheit in eine fast verzweifelte Lage geraten“. Am 22. November 1963 ließ Präsident Kennedy verkünden, das er Oppenheimer mit dem Enrico-Fermie-Preis auszeichnen werde. Am Mittag des selben Tages wurde Kennedy in Dallas erschossen, so dass es seinem Nachfolger Johnson überlassen blieb, diese Absicht in die Tat umzusetzen. Das ungerechte Urteil jedoch, dass Oppenheimer ein Sicherheitsrisiko sei, wurde nicht aufgehoben.

IM „SILBERWALD“

Mit einer in Amerika gebauten Douglas-Militärmaschine, die mit zwei Sofas und einigen Teppichen provisorisch für den Personentransport hergerichtet worden war, kamen Manfred von Ardenne, seine Ehefrau, seine Sekretärin Elsa Suchland, sein Schwiegervater Alexander Bergengruen und der Biologen Dr. Wilhelm Menke nach Moskau, um über eine enge wissenschaftliche Zusammenarbeit mit der Sowjetunion zu verhandeln.

Als sie auf dem Rollfeld des Zentralen Militärflughafen Wnukowo das Flugzeug verließen, gesellte sich sofort ein Mädchen vom dunklen Typ der Südkaukasierinnen zunächst wortlos zu ihnen. Später stellte sich heraus, dass sie den Deutschen als ständige Begleiterin und Dolmetscherin attachiert war.

Nach einigen Metern gemeinsamen Weges eröffnete sie die Unterhaltung mit den Worten: Haben sie ihre Kinder nicht mitgebracht? Eine Frage die Ardenne bald recht nachdenklich stimmte. Die Fahrt im Auto durch die Vororte Moskaus, vorbei an den kleinen, damals noch typischen Holzhäuschen, dauerte lange. Schließlich erreichten sie das am Moskwa-Kanal gelegene Ziel. Der Name dieser vornehmen und abgeschiedenen Siedlung, inmitten von Sommer- und Wochenendhäusern, in der sie die nächsten Monate verbringen sollten, lautete in der deutschen Übersetzung „Silberwald".

Der Wagen bog von der Straße in ein hoch umzäuntes Waldgrundstück ab und hielt vor einer der großen „Datschen". Dann folgte Überraschung auf Überraschung. Ein ganzer Stab stand zur Betreuung bereit: ein Koch mit weißer Mütze, zwei Hausmädchen und ein Heizer. Kaum hatten Ardenne und seine Gruppe die ihnen zugewiesenen Zimmer bezogen, wurden sie zum Essen gebeten. Die Tür zu einem Speisezimmer öffnete sich feierlich und eine weiß gedeckte, feierlich anmutende Tafel nahm die Blicke aller gefangen. In der fast sechsjährigen Kriegszeit waren auch Ardenne und seine Mitstreiter im Berliner Institut in Bezug auf Ernährung zu äußerster Bescheidenheit gezwungen gewesen und nun erwarteten sie lukullische Genüsse in völlig ungewohnter Qualität und Quantität: kräftige Suppe mit Sahne, gebratene Hühner, dazu feinstes Weißbrot, Butter, Aufschnitt in Fülle, mehrere Sorten Käse, Dessert, Wein, Wodka, Bier und Kaffee. Als sie ihre erste Überraschung überwunden hatten, gaben sie sich – wenn auch mit moralischen Hemmungen wegen der allgemeinen Not und mit dem Gedanken an die ausgehungerten Angehörigen zu Hause – den dargebotenen Genüssen hin. Bei dieser üppigen Verpflegung blieb es bis zum Ende des dreimonatigen Aufenthalts im Silberwald. Und das, obgleich die Bevölkerung in der Sowjetunion nach Kriegsende pro Kopf weniger zu essen bekam, als selbst für die Versorgung der deutschen Kriegsgefangenen zur Verfügung gestellt wurde – das wussten Ardenne und die Seinigen damals allerdings nicht.

Es war der zweiundzwanzigste Tag im Silberwald bei Moskau. Wieder fuhr ein Auto vor die Datscha. „Das wird der Lieferwagen sein. Oder ob sie dich endlich zur Vertragsverhandlung abholen?“ sagte Ardennes Frau. Dann warf sie einen Blick aus dem Fenster und rief erfreut und sogleich verwundert: „Das sind die Kinder und Renata und Gerda!“ Tatsächlich stiegen die fünfjährige Beatrice und der zweijährige Thomas, Ardennes Schwester Renata und eine entfernte Verwandte, Gerda Langsdorff, aus dem Wagen. Es war ein Wiedersehen, als seien mittlerweile Jahre vergangen. Fragen und Antworten schwirrten durch den Raum: „Wie kommt ihr hierher?“ – „Was war nach unserer Abreise aus Berlin?“ Und nun erfuhren Bettina und Manfred von Ardenne, die immer noch auf die Verhandlungen mit den Sowjets warteten: „Ein Güterzug mit dem ganzen Inventar aus den Bunkern, den Labors und der Wohnung ist unterwegs nach Moskau. Einige Mitarbeiter aus dem Lichterfelder-Institut begleiten den Zug!“ Und Gerda Langsdorff erzählte Manfred von Ardenne lebhaft: „Noch am 21. Mai, zehn Minuten nach eurer Abreise zum Flughafen Tempelhof, begannen hundert sowjetische Soldaten zusammen mit uns und deinen Mitarbeitern alles einzupacken. Es sind siebenhundertfünfzig Kisten geworden. Als das Holz nicht mehr reichte, haben die Soldaten einfach eine Kegelbahn aus der Nachbarschaft demontiert. Sogar das Sechzig-Tonnen-Zyklotron und die Eine-Million-Volt-Anlage sowie der große Transformator vom Höchstspannungs-Elektronenmikroskop kommen im Zug mit.“ Fast zuletzt, gewissermaßen am Rand, erfuhr Ardenne, dass die meisten seiner Mitarbeiter und Helfer aus Berlin-Lichterfelde inzwischen im Sanatorium S`chodnja bei Moskau eingetroffen waren und auf ihn warteten.

DER KGB-BEFEHL

Ende Juni 1945 fand in Moskau dann die angekündigte Besprechung statt. Ein Beauftragter der Regierung erklärte nun Manfred von Ardenne, seine künftige Arbeitsstätte würde jetzt in der Sowjetunion liegen; den Ort könne er selbst wählen: Moskau, die Krim oder Grusinien. Ardenne bat darum, den Standort möglichst dort zu wählen, wo der Kaukasus besonders nahe an das Schwarze Meer heranreicht. Seinem Wunsch wurde entsprochen. So hat das deutsche Forscherteam dann fast zehn Jahre in Sinop bei Suchumi gelebt. Alexander von Ardenne und viele Kinder der Gruppe sind hier geboren worden. Unmittelbar nach der Entscheidung über den Standort des Instituts übergab man Ardenne Baupläne und Fotos von einer großen Immobilie in Sinop mit dem Auftrag die Umgestaltung der Gebäude als technisch-physikalisches Forschungsinstitut auszuarbeiten. Zu diesem Zeitpunkt hörte Ardenne auch davon, dass Professor Dr. Gustav Hertz mit einer Gruppe von Mitabeitern in die Sowjetunion kommen und den Auftrag, eine ähnliche Forschungsstätte zu organisieren, erhalten würde. Manfred von Ardenne schlug vor, dass Hertzsche Institut in der Nähe von Sinop zu projektieren und wies dabei auf die Vorteile einer solchen Entscheidung für die wissenschaftliche Kooperation beider Einrichtungen hin. Seine Anregung wurde akzeptiert, und so siedelte man Professor Hertz bald darauf in dem sieben Kilometer von Sinop entfernten Ort Agudseri an. Diese Nachbarschaft war dann tatsächlich äußerst fruchtbar. In den folgenden Jahren konnte man sich manches Mal gegenseitig geistig und materiell helfen. Das beeinflusste das Tempo der wissenschaftlichen Ergebnisse positiv. Die Gemeinsamkeit des Handelns, die zwischen Hertz und Ardenne bis

zur Rückkehr aus der Sowjetunion bestehen blieb, hat sich für beide Mitarbeiterkreise sehr günstig ausgewirkt.
In den heißen Augusttagen 1945 wurde auch Manfred von Ardenne in Sinop von den schrecklichsten Geschehen des Zweiten Weltkrieges, den amerikanischen Atombombenabwürfen auf die japanischen Städte Hiroshima und Nagasaki unterrichtet. Entsetzt verfolgte er alle Meldungen über die Wirkung dieser neuen Waffe und fragte sich: Warum das? Der Krieg war doch schon entschieden. Weshalb mussten Hunderttausende Menschen jetzt noch sterben? In Japan wurde vollzogen, was Nobelpreisträger Max Planck einst vom Hitlerregime befürchtete. Wo lag jetzt die Kraft, künftig atomare Alleingänge zu verhindern? Ardenne stellte sich erneut die Frage, welche Verantwortung er als Wissenschaftler in dieser Situation zutragen hatte.
Ardenne sah für sich nur die einzige Möglichkeit, an einem Waffengleichstand mitzuarbeiten, also dem Patt zwischen Ost und West, um einer einseitigen Bedrohung durch Prinzipien der Abschreckung entgegenwirken zu können.
Das Sinoper Forschungsinstitut, ein früheres Sanatorium, umfasste ungefähr hundert Räume, aufgeteilt in drei Stockwerke. Grundlage für die Planung, des Instituts war die in Lichterfelde mit dem Beauftragten der sowjetischen Regierung besprochene wissenschaftliche Thematik, die eine Fortsetzung der in Berlin begonnenen Arbeiten in vergrößertem Maßstab für die Sowjetunion sein sollte. Im Laufe der Geschehnisse in Hiroshima und Nagasaki, verlagerten sich blitzartig die Schwerpunkte und die Zielsetzung für Ardennes Forschungsauftrag. Der Weg zu dieser radikalen Umstellung Ardennes künftiger Forschung in der Sowjetunion, von der ursprünglich geplanten Elektronenmikroskopie, der Mikroanalytik mit der Elektronensonde, der kernphysikalischen Markierungsmethoden mit radioaktiven und stabilen Isotopen zum aktuellen Hauptthema „Verfahren der industriellen Isotopentrennung“ entsprach den dramatischen Kriegsereignissen in Japan.
Wenige Tage nach dem Abwurf der ersten amerikanischen Atombombe erscheint in der Datscha im Silberwald Generaloberst Sawe-

niagin und teilt Ardenne im Auftrag des Chef des Innenministeriums und des Geheimdienstes Marschall Berija mit, dass die ursprünglich vorgesehene Thematik des Instituts nicht mehr möglich sei, da die USA Atombomben entwickelt und eingesetzt hätten. Diese Vorgänge zwängen die Regierung der Sowjetunion, als künftiges Arbeitsgebiet des Instituts die Mitwirkung bei der Entwicklung sowjetischer Atombomben vorzusehen.
Ardenne wurde deutlich gemacht, dass die Entscheidung unwiderruflich war.

WELTMACHT ATOMBOMBE

„Sie müssen sofort in die Stadt!" Erst auf der Fahrt erfuhr Manfred von Ardenne, dass es jetzt in den Kreml ging. Der geheimnisumwitterte Marschall Berija hatte ihn hier einbestellt. Nach kurzer Wartezeit wurde Ardenne in einen Raum geführt mit langem Tisch, an dessen Ende sich der zweitmächtigste Mann der Kremlhierarchie zur Begrüßung erhob. Ardenne wurde gebeten, rechts neben ihm Platz zu nehmen. Ihm gegenüber saßen eine Reihe von sowjetischen Kernphysikern und Wissenschaftler: Es waren die Professoren Kurtschatow, Alichanow, Galperin, Kikoin, Artzimovich und die Generale Saweniagin und Machinow. Dann begann Berija die Sitzung mit den Worten: „Die Regierung der Sowjetunion wünscht, dass in dem Institut, dessen Direktor Manfred von Ardenne sein wird, die Entwicklung unserer Atombombe stattfindet!" Diese Beauftragung kam für Ardenne nicht ganz unvermutet und er hatte vorher bereits lange überlegt, was er darauf sagen würde. Seine Antwort hatte dann etwa folgenden Wortlaut: „Den soeben geäußerten Vorschlag betrachte ich als eine große Ehre für mich, denn er ist zugleich Ausdruck eines ungewöhnlich großen Vertrauens in die Leistungsfähigkeit meiner Person.
Die Lösung des Problems, um das es hier geht, hat aber zwei verschiedene Bereiche: Erstens die Entwicklung der Atombombe selbst und

zweitens die Entwicklung des Isotopentrennverfahrens im industriellen Maßstab zur Gewinnung der Kernspaltstoffe wie Uran 235. – Die Isotopentrennung ist der eigentliche und sehr schwierige Engpass der Entwicklung. Ich schlage deshalb vor, dass allein die Isotopentrennung zur Hauptaufgabe für unser Institut und die deutschen Spezialisten bestimmt wird und dass die hier vor mir sitzenden führenden Kernphysiker der Sowjetunion die Entwicklung der Atombombe als große Tat für ihre Heimat vollbringen." Nach kurzer Beratung mit seinen Wissenschaftlern teilte Marschall Berija dann Manfred von Ardenne mit, er sei mit der vorgeschlagenen Aufgabenteilung einverstanden. Bestimmt eine Schicksalsentscheidung für die deutschen Wissenschaftler, denn nur so konnten alle hoffen, nach erfolgreicher Arbeit ihrer Institute auch wieder nach Hause entlassen zu werden. Die sowjetischen Atomforscher waren bereits seit 1946 unbemerkt in der geheimen Forschungsstadt Nummer 16 zusammengezogen worden. Früher war hier im Kloster Arasamas ein Ort der Stille und Besinnlichkeit. Damals ahnte die Welt noch nicht, was dort ausgebrütet werden sollte. Streng Geheim! Die sowjetische Atombombe!
Professor Kurtschatow und seine Arbeitsgruppe begann mit Riesenschritten den Vorsprung der Amerikaner aufzuholen. Sie hatten dazu noch ihre Spione direkt im Zentrum des amerikanischen Atomprogrammes. Um die Entwicklung der Verfahren zur industriellen Isotopentrennung bewältigen zu können, sollten dem Ardenne Institut und Professor Hertz Wissenschaftler, Techniker und Handwerker aus den Kriegsgefangenenlagern zugeteilt werden. Wahrscheinlich rettete dieser Beschluss manchem deutschen Gefangenen das Leben, denn bei der unmittelbar nach Ende des Krieges herrschenden Not und den Seuchen, war die Sterblichkeit besonders in den sowjetischen Lagern hoch. Dafür hatten die Auserwählten allerdings damit zu rechnen, einige Jahre länger als ihre Kameraden in der Sowjetunion zu bleiben. So kamen auch der bekannte Gasentladungsphysiker Dr. Max Steenbeck und mit ihm noch zahlreiche weitere internierte Wissenschaftler an das Sinoper Institut. Auf dem gleichen Weg gelangte der Hauptteil

der Laboranten, Feinmechaniker und Handwerker an die Bucht von Suchumi.

Schließlich gelang es Ardenne noch den ehemaligen Leiter des Dahlemer Kaiser-Wilhelm-Instituts für Physikalische Chemie, Professor Thiessen an das in Sinop aufzubauende Institut zu holen. Für Ardenne war klar, dass so ein Mammutinstitut nicht von ihm allein zu Höchstleistungen geführt werden konnte. In Sinop begannen sowjetische Soldaten einen engmaschigen Stacheldrahtzaun einmal um das Institut selber und dann um das übrige Areal zu ziehen, auf denen die Wohnhäuser standen. Nach dieser Maßnahme durften die deutschen Mitarbeiter und ihre Angehörigen das Gelände nur noch in Begleitung von Soldaten verlassen. Die Vorschrift galt sowohl für die Einkäufe in Suchumi, die nun in bewachten Gruppen durchgeführt wurde, als auch für Ausflüge sowie gegenseitige Besuche zwischen beiden Instituten A (Ardenne) und G (Hertz). Dieses „wohlbehütete" Leben und Arbeiten hinter Stacheldraht dauert bis zur Einleitung der Rückkehr nach Deutschland, das heißt etwa neun Jahre. Es war nun wichtig, die Moral, durch eine Reihe von psychologisch durchdachten Maßnahmen zu verbessern, damit bei den Mitarbeitern und ihren Familien Arbeitsfreude, Gesundheit und Lebensfreude erhalten blieb. Deswegen wurden Feste aller Art organisiert, das heißt Kinderfeste, Kostümfeste, und Sommerfeste im Botanischen Garten.

Auf einem selbstgebauten Tennisplatz fanden regelmäßig Turniere statt, und manch andere sportliche Wettkämpfe wurden ausgetragen. Auch das Baden am kaum hundert Meter entfernten Strand des Schwarzen Meeres und Ausflüge in die bergige Umgebung Suchumis sorgten für vielfache Abwechslung, jedoch immer unter strenger Bewachung. Bei einem der ersten Sommerfeste für die deutschen Mitarbeiter herrschte aus finanziellen Gründen Mangel an alkoholischen Getränken, denn die Kriegsgefangenen bezogen noch nicht ihr später übliches Gehalt. Dieses „Übel" wurde auf ganz unbürokratische Weise beseitigt: Im chemischen Labor standen für die Arbeit stets erhebliche Mengen reinen Alkohols zur Verfügung. Man fabrizierte davon hoch-

prozentigen Eierlikör, der in einen 10-L-Glasballon abgefüllt wurde. Bis dahin war die Sache einfach.
Die Schwierigkeiten begannen damit, diesen großen Behälter aus dem Institut herauszubringen, dessen Eingang Tag und Nacht von Soldaten bewacht wurde. Sie hatten strenge Anweisung, Materialien nur mit sorgfältig ausgefüllten Kontrollscheinen passieren zu lassen. Ardennes Berliner Institutsarbeiter wussten sich aber immer zu helfen. Sie bildeten einen „Stoßtrupp" von zwei Mann. Einer setzte eine Gasmaske auf. Dann rannten beide heftig gestikulierend auf den Wachposten zu. Der Vordere schrie schon von weitem auf grusinisch: „Ostroroschno, jad!" (Vorsicht, Gift!), während der Gasmaskenträger den Glasballon weit weg von sich hielt und durch Gebärden die Gefährlichkeit betonte. Erschreckt wich der Posten zur Seite – und zehn Liter Eierlikör hatten die Wache passiert. Das Husarenstück mit dem selbstgemachten Eierlikör, abgezweigt aus Institutsbeständen blieb für immer unentdeckt. Nicht unentdeckt jedoch blieb die Arbeit der deutschen Forscher für die Sowjetunion auf der Krim.
Am Anfang erklärten westliche Nachrichtenagenturen erst Prof. Hertz und Manfred von Ardenne seien in der Sowjetunion ums Leben gekommen, während sie gerade bei Suchumi ihre Institute aufbauten. So hatten beide die ungewöhnliche Gelegenheit, ihre eigenen Nachrufe lesen zu können. Als die technisch-wissenschaftliche Arbeit an der sowjetischen Atombombe auf Hochtouren lief, kursierten in westlichen Publikationsorganen zwei Berichte die die Sowjets aufhorchen ließen. 1947 brachte die Rundfunkstation Jerusalem eine Sendung, in der die Namen der Hauptmitarbeiter aus dem Institut von Ardenne in Sionop lückenlos aufgeführt wurden. Etwa ein Jahr darauf, erschien in der westdeutschen Besatzungszone ein Artikel mit der Überschrift „Im goldenen Käfig". Er beschrieb nicht nur das Leben in Sinop, sondern brachte auch gewisse Einzelheiten über Institutsstruktur und Forschungsbereiche an Licht.
Die Sowjets verschärften daraufhin sofort die Geheimhaltungsvorschriften, Sonderkuriere übernahmen nun alle Unterlagen, die weiter-

gereicht werden mussten. Jahresberichte, Zahlenmaterial und Pläne schloss man in Panzerschränke ein, deren Schlüssel jetzt nur noch die Wachsoldaten besaßen.

ADENAUER SPIELT MIT

In der Bonner Pädagogischen Akademie konstituierte sich am 1. September 1948, der Parlamentarische Rat, der aus 65 Delegierten der elf westdeutschen Landtage gebildet ist: hinzu treten in beratender Funktion 5 Berliner Abgeordnete. Die Sitzung hat der hessische Ministerpräsident Christian Stock einberufen, eröffnet wird sie von Nordrhein-Westfalens Ministerpräsident Karl Arnold in Gegenwart von westlichen Militärgouverneuren. Der Rat wählte Konrad Adenauer (CDU) und zu seinen Stellvertretern Adolf Schönfelder (SPD) und Hermann Schäfer (FDP).
Die drei stärksten politischen Gruppen bildeten Fraktionen: CDU/ CSU mit dem Vorsitzenden Anton Pfeiffer. SPD mit Carlo Schmid, Liberale mit Theodor Heuss. Neben der Denkschrift des Herrenchiemseer Verfassungskonvents liegen dem Rat vor: Ausarbeitungen des Ellwanger Kreises (Freundeskreis der CDU/ CSU), des britischen Zonenbeirats, des sozialdemokratischen Innenministers von Nordrhein-Westfalen, Karl Menzel und der Verfassungsentwurf des sowjetzonalen Volksrats für eine „Deutsche Demokratische Republik“. Die drei Hohen Kommissare John McCloy(USA), Brian Robertson (Großbritannien) und Andre´ Francois-Poncet (Frankreich) geben in diesem Jahr noch das Ende der Militärregierung in ihren Zonen bekannt. Mit der Verkündung des Grundgesetzes am 23. Mai 1949 beginnt die eigentliche Geschichte der Bundesrepublik Deutschland.
Auf der Außenministerkonferenz der Großen Vier in Moskau im März 1947 lehnen die USA, Großbritannien und Frankreich den sowjetischen Vorschlag ab, in Deutschland das Viermächte-Regime wieder herzustellen und die UdSSR verwirft den Gedanken durch Aus-

dehnung des Grundgesetzes auf die Sowjetische Besatzungszone zu einer Vereinigung Deutschlands zu gelangen.
Nach einer Sitzung des Präsidiums des deutschen Volksrats und des antifaschistisch-demokratischen Blocks der sowjetischen Besatzungszone beschließen im Oktober 1949 die Gremien der Volkskammer, dass nach der Bildung eines deutschen Staates in den Westzonen auch die Deutsche Demokratische Republik im Osten Deutschlands als Staat zu proklamieren sei. Wilhelm Pieck wird zum Präsident der DDR gewählt. Die Versuche Otto Grotewohls, Kontakte zur neuen Regierung der Bundesrepublik aufzunehmen, um Verhandlungen über die staatliche Vereinigung einzuleiten, werden zurückgewiesen.
Die Bundesrepublik wird nun für lange Zeit die Frontlinie des Westblocks sein und die DDR ist die Pufferzone für den Ostblock. Neue Grenzen werden gezogen! Politisch sind die Messen gesungen. Zwei Deutsche Staaten existieren dann über 40 Jahre nebeneinander, in nationaler Selbstbestimmung mit all ihren bekannten System-Unterschieden, direkt im geteilten Europa. Der sogenannte „Eiserne Vorhang" hatte sich scheinbar für immer gesenkt.
Als damals die beiden neuen Deutschen Staaten gegründet wurden, befand sich Manfred von Ardenne gerade in Leningrad. Die vorübergehende Verlegung seines Einsatzortes nach Norden wurde 1949 notwendig als seine Entwicklungsarbeiten am magnetischen Isotopentrenner den Übergang zur Großanlage mit einem Elektromagneten von zweihundert Tonnen Gewicht verlangten. Ein solcher Großmagnet stand damals in einer der Hallen von „Elektrosila". Dieses Werk ist in der Weltöffentlichkeit später durch den Bau des 10 Milliarden-Elektronenvolt-Synchrophasotrons in Dubna an der Wolga bekannt geworden. Bei den Experimenten im Jahre 1949 mit Plasmaführung in homogenen und inhomogenen Magnetfeldern zeigte sich optisch und den Forschern beeindruckend die Ausschaltung der Wandeinflüsse bei einem erhitzten Plasma durch Anwendung starker Magnetfelder, eine Methode, die heute noch für die Kernfusionsforschung große Bedeutung erlangt hat.

GRUBENUNGLÜCK IM URANBERGWERK

Über Unfälle im sächsischen Uranbergbaugebiet dringen Gerüchte in den Westen, die jedoch von den zuständigen Behörden entweder bestritten noch abgeschwächt werden. In einem Stollen der Sowjetisch Deutschen Aktiengesellschaft (SDAG) Wismut bei Zwickau soll es eine Explosion gegeben haben, die Zahl der Toten wird sehr hoch eingeschätzt. Weiterhin bestreitet die Regierung der DDR, dass ein Grubenbrand bei Johanngeorgenstadt stattgefunden hat. Doch Flüchtlinge in den Westen bestätigen aber das Unglück.

Der Uranabbau geschieht unter streng geheimer sowjetischer Verwaltung und das geförderte Uranerz gelangt auf direktem Weg in die russischen Atomfabriken an die Wolga. Da der Uranabbau nach dem Unglück in Sachsen noch weiter ausgedehnt wird und Wohnhäuser abgerissen werden müssen, flieht der Bürgermeister von Aue nach West-Berlin, er hat sich geweigert die entsprechenden Anweisungen durchzuführen bzw. zu erlassen. Auch an einem anderen Standort in Sachsen, in Dresden-Gittersee wird für die UdSSR Uranerz verarbeitet und nach Moskau transportiert.

DIE HEIMKEHRER

Gleich zu Beginn des Jahres 1950 war von offizieller sowjetischer Seite mitgeteilt worden, die deutschen Spezialisten in Sinop könnten nach Abschluss ihrer Arbeiten und einer anschließenden Quarantänezeit wieder in die Heimat zurückkehren. Die Sowjetunion verfügte nun, wie auch Amerika, über die Atombombe.

Mitte Mai 1955 häuften sich die Anzeichen, dass Ardenne und seine Mitarbeiter nach Deutschland zurück dürfen. Prof. Jemeljanow traf aus Moskau ein, um die deutschen Spezialisten zu verabschieden. Jemeljanow war übrigens der Konstrukteur des bekannten Weltkriegpanzer T34. Von ihm wurde ein feierliches Abendessen gegeben. Nach alter russischer Sitte trank man kräftig Wodka und viele Abschiedsreden wurden gehalten. Anschließend ging es danach mit der Staatsbahn vom Schwarzen Meer aus, zuerst im Extrazug nach Moskau. Über Brest-Litowsk reisten Ardenne und seine Familie dann nach Deutschland, ab Frankfurt/Oder sogar mit einem Sondertriebwagen der Reichsbahn, direkt zum Dresdner Hauptbahnhof ins ersehnte Elbflorenz. Die erste Nacht auf deutschen Boden verbrachte die Ardennes in der Innenstadt, im Kreise der Rückkehrer. Ein Abendessen im Hotel Astoria führte hier alle wichtigen Mitarbeiter aus der Suchumi-Zeit noch einmal zusammen. Daran schloss sich ein kurzes Orientierungsgespräch an, bei dem ein Vertreter vom Rat des Bezirkes Dresden und der im Westen berüchtigt gewordene DDR-Rundfunkkommentator Karl-Eduard von Schnitzler (Sudel-Ede) anwesend waren. Der Name Manfred von Ardenne und sein neue Institutsstandort im Dresdner Nobelbezirk „Weißer Hirsch", wird im Laufe der Zeit noch Weltruhm erlangen.

DIE ZAR-BOMBE

Den vorläufigen Schlusspunkt im atomaren Rüstungswettlauf zwischen den USA und der Sowjetunion setzte die stärkste jemals gezündete Wasserstoffbombe der Welt. Unter dem Codenamen „Iwan" wurde am 30. Oktober 1961 um 11:32 Uhr Moskauer Zeit über dem Testgelände in der Mitjuschikabucht auf der Insel Nowaja Semlja eine sowjetische Bombe gezündet. Die von einem Team um den späteren Dissidenten Andrej Sacharow konstruierte Bombe war viermal so stark wie „Castle Bravo", die größte jemals getestete US-Bombe.

Die Explosion fand in einer Höhe von etwa 4.000 Meter statt. Der Feuerball berührte den Erdboden, der Atompilz erreichte kurzzeitig eine Höhe von etwa 64 Kilometer. Die von der Bombe erzeugte Druckwelle war so stark, dass sie noch bei ihrer dritten Umrundung der Erde messbar war. Es war die größte jemals von Menschen verursachte Geoaktivität. Die Sprengkraft betrug 50 bis 60 Megatonnen TNT-Äquivalent und war damit mehr als 3.800-mal stärker als die Hiroshima-Bombe „Little Boy".

Die Zar-Bombe war dreistufig aufgebaut, die erste Kernspaltungs-Explosion (Fission) komprimierte und zündete eine zweite Wasserstoff-Stufe, diese wiederum eine größere Dritte. Ursprünglich hatte man sogar eine Sprengkraft von 100 bis 150 Megatonnen durch den Einsatz einer vierten Stufe konzipiert, verzichtete aber auf den anfangs dafür geplanten Mantel aus Uran-238, als vierte Spaltstufe.

Stattdessen wurde für den Mantel der dritten Stufe ein nicht spaltbares Material, vermutlich Blei verwendet und somit auf 50 Prozent des möglichen Potentials verzichtet. Der für den radioaktiven Fallout wesentlich verantwortliche Fissionsanteil betrug somit nur noch 3 Prozent, der Rest der Energie wurde durch vergleichsweise falloutarme Kernfusion erzeugt, In Relation zu ihrer Sprengkraft wurde diese Bombe damit zur „saubersten" jemals eingesetzten Atombombe. Ein Test der vollständigen Version aber hätte die weltweite radioaktive Belastung durch Atomtests um etwa 25 Prozent erhöht.

KAISER-WILHELM LÄSST FORSCHEN

Otto Hahn, Jahrgang 1879 stammt aus Frankfurt am Main. Manfred von Ardenne wird hingegen 1907 in Hansstadt Hamburg an der Elbe geboren. Es besteht kein Zweifel, dass das Leben dieser beiden bedeutenden Gelehrten außergewöhnliche Züge aufweist, in einer schicksalsträchtigen Zeit deutscher Geschichte, die beide auf unterschiedliche Weise durchlebten. Der eine wird als Multiforschertalent zur wissenschaftlichen „VorzeigeIkone" der DDR, der andere, ausgezeichnet mit dem Nobelpreis, hatte dagegen ein erstaunliches Gespür für ideale Werte. Otto Hahn war das humanistische Gewissen der neu gegründeten Bundesrepublik Deutschland und er bekämpfte den dunklen Weg zum Bösen, den Wettlauf in der Konstruktion todbringender Atomwaffen. „Wissen und neue Erkenntnisse können nicht allein zum Wohl oder zum Schaden der Menschheit bestimmt sein", so sein Credo. Die moralischen Kategorien „gut" und „schlecht" gelten nicht für eine durch Menschenhand gemachte Entdeckung oder Erfindung. Entscheidend ist, was für einen Verwendungszweck der Mensch und die Gesellschaft bestimmt.

DER „ROTE" BARON

Besessen von seinem schöpferischen Forschen, spielen für Manfred von Ardenne gesellschaftliche Erwägungen einer Zeit zunächst keine große Rolle. Erst die Begegnungen mit Nobelpreisträger und Naturwissenschaftler Max Planck brachten ihn zum Nachdenken über die Verantwortung eines Wissenschaftlers. In seinen letzten Jahrzehnten widmete sich Ardenne intensiv medizinischen Problemen wie den Herz- und Kreislauferkrankungen, der Sauerstoffversorgung des menschlichen Körpers und dem Kampf gegen Krebs.
Sein Vater, Egmont Baron von Ardenne, war Offizier. Als Oberstleutnant schied er 1919 aus dem Heeresdienst aus und wurde später zum Regierungsrat ernannt. Er gewährte seinem erstgeborenen Sohn Manfred außergewöhnlich viel Freiheit, auch später, als es darum ging, für Manfred den richtigen Beruf zu finden. Die Mutter, Adele, geborene Mutzenbecher, konzentrierte ihre unermüdliche Bereitschaft zur Hilfe stets auf jenes ihrer fünf Kinder, das ihres Schutzes gerade am meisten bedurfte oder sich in einer kritischen Phase befand. An strenge Maßnahmen seiner Eltern kann sich Manfred von Ardenne kaum erinnern. Seine Eltern bemühten sich immer, den Kindern Vorbild zu sein im Leben und dadurch erzieherisch zu wirken. Ein Verbot jedoch traf Manfred in seiner frühen Kindheit offenbar tief. Er durfte nicht an einer Bootsfahrt auf der Alster teilnehmen – einem Lieblingsvergnügen. Das war die Strafe dafür, dass er einer Fliege, einem dicken Brummer, ein vorzeitiges rigeroses Ende bereitet hatte.

Im Hause seines Großvaters, an der Alster Nr. 8, imponierte ihm besonders die verschiedenen Sprechrohre zwischen den einzelnen Stockwerken und der Küche, die die Aufgabe der heutigen schnurlosen Telefone erfüllten. Und noch ein weiteres Ereignis bei Großvater Mutzenbecher hat sich in Manfred von Ardennes Erinnerung erhalten: 1912 sahen die Kinder vom Gartenzaun aus den Kaiser durch die Straße fahren. Es war die Fahrt, wo der Kaiser Wilhelm II vergeblich versuchte, den Oberbürgermeister von Hamburg, Burghard, einen Freund des Großvaters, für den Posten des Reichskanzlers zu gewinnen. Etwa um diese Zeit übrigens soll zwischen seinen Eltern und Herrn Blohm, dem Inhaber der Hamburger Werft Blohm & Voß, im Scherz sein späterer Eintritt als Ingenieur in die Firma vereinbart worden sein. Die Beförderung des Vaters zum Brigadeadjutant machte einen Umzug nach Rendsburg notwendig. Manfred war damals fünf Jahre alt. Die neue Wohnung lag unmittelbar am Nord-Ostsee-Kanal. Diesem Umstand verdankte er mancherlei Eindrücke technischer Art.

Es gab viel zu sehen: die schweren Bagger, die kleine Feldbahn hinter dem Haus, eine alte Drehbrücke und vor allem die monströse Hochbrücke, die gerade über den Kanal gebaut wurde.

Seine Freude am Basteln erhielt durch ein Weihnachtsgeschenk, wie es heute nur noch selten zu finden ist, kräftigen Auftrieb: Es bestand aus einem Kasten mit etwa hundert Vierkanthölzchen und Brettchen aus Kiefernholz, einem Packet passender Nägel, einem leichten Hammer und einer kleinen Säge. Nach beigefügten Vorlagen oder nach eigener Phantasie ließen sich aus diesen Elementen stabile Brücken oder kleine Häuschen herstellen.

Kurz vor dem Ersten Weltkrieg wurde Ardennes Vater nach Berlin in das Kriegministerium versetzt. Er hatte dort im Allgemeinen Kriegsdepartement die technischen und militärischen Aspekte geheimer Waffen zu prüfen. Aus dieser Zeit ist Manfred vor allem ein Besuch in der Wohnung des Kriegsministers General von Falkenhayn nahe dem Leipziger Platz im Gedächtnis. Im Spielzimmer der ältesten Tochter

Falkenhayns, die später den im Zusammenhang mit dem 20. Juli 1944 zu Tode gekommenen Henning von Treskow heiratete, imponierte ihm besonders ein mehrstöckiges Puppenhaus mit elektrischer Beleuchtung.

Von den verschwommenen Kindheitseindrücken aus den Jahren vor dem Ersten Weltkrieg heben sich für Manfred von Ardenne nur wenige markante Ereignisse ab. Das waren das Erscheinen des Hallyschen Kometen im Jahr 1910 und einige Jahre später eine totale Sonnenfinsternis. Daran erinnerte er sich gut: die Menschen auf der Straße, die zum Himmel starrten, er selbst am Fenster des Hauses, ausgerüstet mit Fernrohr und geschwärzten Glasscheiben. Es war ein seltsam bedrohliches Gefühl, als sich der helle Tag verfinsterte.

Viel nachhaltiger als diese beiden kosmischen Erscheinungen wirkten seine Erlebnisse in den Sommerferien 1912 in Bayrisch-Zell, auf dem Tannerhof der Familie von Mengershausen. Ein Bekannter seiner Eltern gab ihm einen Fotoapparat. Sie hatten einen Ausflug gemacht, verschiedentlich war fotografiert worden – verbunden mit den damals noch notwendigen umständlichen Zeremonien. Als er endlich den geheimnisvollen Kasten selbst in der Hand hielt und entdeckte, dass auf der Mattscheibe der sichtbare Teil des Bildes auf dem Kopf steht, geriet bei ihm einiges in Bewegung. Man versuchte ihm zu erklären, auf Grund welcher optischen Gesetze das Wunder erfolgte. Was er davon gleich begriff, weiß er nicht mehr, aber ganz deutlich erinnerte er sich an seine vielen Fragen. Er hat wohl damals begonnen, der Beantwortung solcher Probleme nachzuspüren. Ein unscheinbares Ereignis – doch seinen Lebensweg hat es entscheidend mitbestimmt. Später schrieb seine Schwester Margot an den Vater nach Berlin: „Mir fällt stets von neuem auf, mit welch leidenschaftlicher Inbrunst Manfred sich den Dingen hingibt. Wenn er das beibehält, muss er in seinem Fach einstmals Außergewöhnliches leisten!"

Erste Folge seines erwachenden optischen Interesses war der von seinen Eltern genehmigte Kauf eines mit Lupe verschlossenen Gläschens. Man konnte damit in entsprechender Vergrößerung kleine Insekten und Pflanzenteile untersuchen. Dieses unzulängliche Hilfsmittel wich aber bald einem großen Schülermikroskop das ihm sein Großvater Mutzenbecher schenkte. Mit dem Instrument war es möglich, Fliegenflügel, Bienenstachel und ähnliches in hundertfacher Vergrößerung zu betrachten. Außerdem ließen sich seine Grundelemente zu einem kleinen Fernrohr kombinieren. Manfred von Ardennes Interesse an physikalischen Dingen muss aufgefallen sein, denn der älteste Bruder seiner Mutter, Dr. Franz Mattias Mutzenbecher, schenkte dem Jungen ein Physikbuch, das er mit ausdauerndem Fleiß las und bald alle Einzelheiten kannte. Auf dem Buchtitel stand der Name Warburg: ein Name, der fast ein halbes Jahrhundert später eine große Rolle in Ardennes Leben spielen sollte.

Etwa um die gleiche Zeit schickte dem 13 jährigen Ardenne der Physik-Professor Paul Hermann Scherrer, nach einem Besuch bei seinen Eltern ein Paket mit Glasröhrchen verschiedener Durchmesser, Reagenzgläser und einfache Linsen. Die Glasröhrchen hatte Manfred allerdings nicht lange, denn statt für physikalische Versuche benutzte er sie dazu, Erbsen gegen Glasscheiben oder in die offenen Fenster der Nachbarn zu pusten.

Nach zwei Jahren Privatunterricht kam Manfred von Ardenne auf das Berliner Realgymnasium in Neutempelhof. Er musste jeden Tag über das Tempelhofer-Feld von der Hasenheide zu Fuß zur „Penne" gehen. Während der Schulzeit hat er, angeregt durch die damals weitverbreiteten Bastelbücher selbstverständlich eifrig weiter rumgewerkelt. Er verwendete zum Beispiel in der Geografiestunde einen Sextanten, den er aus selbstgeschnittenen kleinen Spiegeln und Zigarrenkistenholz gebaut hatte. Aus alten Brillengläsern, Gardinenstangen entstanden auch lange Fernrohre, durch die man Mondkrater, Sonnenflecken, Venusphasen und den Jupiter mit seinen großen, von Nacht zu Nacht ihre Stellung ändernden Monden betrachten konnte. Die Astronomie hatte ihn richtig gefesselt.

Eines Nachts ertappte ihn seine Mutter, als er eine detailreiche Mondkarte abzeichnete. Er schreckte in dieser Zeit auch nicht davor zurück,

astronomische Abbildungen, sehr zum Unwillen seiner Eltern, aus Büchern und Konversationslexika herauszuschneiden.
Mit den Astrobilder tapezierte er die Wände einer Kammer, die ihm der Vater für seine Basteleien zur Verfügung gestellt hatte. In diesem kleinen Raum konzentrierte sich in den nächsten Jahren alles, was ihn wirklich beschäftigte. Das ging bald so weit, dass er sich schon während der Schulstunden das Programm für seine Versuche aufstellte, die er am Nachmittag machen wollte. Und nach Schulschluss war er ausschließlich von den Gedanken beherrscht, möglichst rasch in sein „Labor" zurückzukehren. Das wirkte sich auf seine schulischen Leistungen natürlich nicht immer günstig aus.
Brillengläser, Okulare und Materialen für Fernrohre kosteten Geld, das verdient sein wollte. Also graste Manfred von Ardenne als Fotograf das weite Feld von Familie, Bekanntschaft und Hauspersonal ab. Auf Verlangen fertigte er in seiner Dunkelkammer Vergrößerungen von Portraits bis fast zum Originalmaßstab an. Größere Einnahmen erzielte er aber vor allem durch die Installation von Einbruchs-Alarmanlagen für die Nachbarn. Sie wurden vom Wechselstrom-Lichtnetz gespeist und bestanden wesentlich aus der Reihenschaltung einer Glühlampe und einer Telefon-Wechselstrom-Klingel. Öffnete man die Tür nur ganz wenig, war die Überbrückung aufgehoben und die Klingel schrillte. Ausgezeichnet bewährte sich auch eine andere Methode, den Kassenbestand aufzufüllen. Hinter dem Haus der Eltern in der Hasenheide lagen die Schießstände der Reichswehr. Damals waren Blei und Messing sehr knapp, die Schrotthändler der Umgebung zahlten dafür gut Preise – was lag also näher als kleine Expeditionen auf verbotenes Gelände zu unternehmen und Patronenhülsen zu sammeln. Immer bedacht von den Patrouillen nicht erwischt zu werden, schlichen die Jungs auf dem Militärgelände herum.
Als 1918 das Kaiserreich zusammenbrach, gewann das Schießgelände für Manfred und seine Jungs noch mehr Reiz. Hatten sie früher jede Begegnung mit Patrouillen zu vermeiden gesucht, so bemühten sie sich jetzt darum, mit ihnen zusammenzutreffen. Die Soldaten fan-

den nämlich gar nichts mehr dabei, elfjährigen Jungen in einigen für dieses Alter sonst nicht üblichen Praktiken zu unterrichten. Sie lernten ihnen, wie man Handgranaten wirft, Tannenzapfen mit verschiedenen Infanteriewaffen herunterzuschießen und sogar ein schweres Maschinengewehr zu bedienen. So angeleitet brachten sie beim Einzug der revoltierenden Marinesoldaten in Berlin ein herrenlos auf der Straße zurückgelassenes Maschinengewehr nach Einbruch der Dunkelheit unbemerkt in die elterliche Wohnung eines der Freunde und demolierten, nach dem die Eltern ausgegangen waren, die Turmuhr des gegenüberliegenden Mädchenlyzeums mit einigen gut gezielten Feuerstößen. In der damals verworrenen Zeit hatte das aber keine unmittelbaren Folgen für die Lausbuben. Bei einem anderen gefährlichen Unternehmen, von denen die Eltern natürlich nichts wussten, wurde Manfred von einem kleinkalibrigen Geschoss hinter dem linken Ohr gestreift. Die leichte Verwundung führte zur Bekanntschaft mit einem im Haus wohnenden Chirurgen, dessen Röntgenapparat mehr Interesse bei Manfred hervor rief, als die Versorgung des kleinen Kratzers.

Bald darauf verlagerte sich sein Schwerpunkt von Fotografie und Astronomie auf Physik, Elektrotechnik und Chemie. Mit Hilfe zweier gegeneinander rotierender und mit Metallfolien belegter Schallplatten wollte er sich selbst eine „Influenzmaschine" bauen. Der Versuch misslang jedoch, weil er gewisse Elektroden mangelhaft isoliert hatte. Daraufhin erregte eine richtige Influenzmaschine mit großem Scheibendurchmesser im Schaufenster eines kleineren, nahegelegenen Elektrofachgeschäftes seine ganze Aufmerksamkeit. Kurz vor Weihnachten verschwand dieser auf seinem „Wunschzettel" dreimal unterstrichene Apparat leider aus dem Schaufenster. Auf Nachfrage erfuhr Manfred, dass die Maschine von einem Herrn mit schwarzem Vollbart gekauft worden sei. Da es keinen solchen Mann in seiner Familie gab und er das vorsorgliche Täuschungsmanöver seiner Eltern, die ihren Sohn genau kannten, nicht erwartete, war er doppelt überrascht, die ersehnte Apparatur auf dem weihnachtlichen Gabentisch zu finden.

Genau vierzehn Tage vor dem Weihnachtsfest, an dem Manfred seine heißersehnte „Influenzmaschine“ ge schenkt bekam, erhielt Max Planck den Nobelpreis für Physik. Rund 18 Jahre vor dieser Ehrung stellte Planck am 14. Dezember 1900 der Deutschen Physikalischen Gesellschaft in Berlin die „Strahlenformel“ vor. Dieser Tag gilt als Geburtsstunde der Quantentheorie.

Schon kurz nach Neujahr konnten die üblichen Versuche der Elektrostatik mit Influenzmaschine, Isolierschemeln, selbstgebauten Leydener Flaschen, Funkentafeln, Blattelektrometern usw. Manfred von Ardenne nicht neues mehr bieten. So hingen jetzt Antennen in den Hof und er machte erste funkentelegrafische Versuche mit Fritter und selbstgebauten Relais. Tanten oder andere Besucher waren zu dieser Zeit gewissen Gefahren ausgesetzt. Legten sie ahnungslos die Hand auf die Türklinke, sprühten tückische Funken und es gab schwache elektrische Schläge. Mit Hilfe eines kleinen, von einem Akkumulator betriebenen Funkeninduktors, der Funkenentladungen von drei Zentimeter Länge lieferte und einer der damals handelsüblichen Versuchsröhren mit kalter Kathode gelangen ihm auch bald die ersten Durchleuchtungen und Röntgenaufnahmen von Händen. Sehr schnell erreichten seine Experimente eine Intensität, die seine Eltern veranlasste, ihm die Erlaubnis zu geben, die zweite Toilette der Wohnung für seine Versuche zu benutzen. Bald hatte er dort eine Dauer-Versuchseinrichtung aufgebaut, die das Nützliche mit den Angenehmen verband. Seine Anlage destillierte, aus unbesteuertem, billig in der Drogerie erhältlichem Ameisenspiritus, reinen Alkohol. Der wurde mit gutem Gewinn verkauft. Alles unter dem von ihm selbst ausgegebenen Motto: „Der Zweck heiligt die Mittel“.

Manfred von Ardennes besonderes Interesse für die Naturwissenschaften blieb natürlich nicht ohne schulische Folgen. Im Laufe des Jahres verschlechterten sich seine Noten in den anderen Fächern, vor allem bei den Sprachen.

Außerdem hatte er kurz vor dem sogenannten Einjährigen-Examen das Pech, zum Direktor zitiert zu werden. Durch eine heftige Natriumexplosion war sein Tintenfass zerstört worden. Ort und Urheber des Ereignisses ließen sich infolge der dabei entstandenen „Farbmarkierung" nicht verheimlichen. Das Zusammenwirken beider Tatsachen hatte zur Folge, dass er die Prüfung nicht bestand, obwohl sein Physik-, Chemie- und Mathematiklehrer Studienrat Dr. Böttcher, im Konsilium mit größtem Nachdruck für ihn eingetreten sein soll. Auf jeden Fall war die Einseitigkeit seiner Kenntnisse ans Tageslicht gekommen und die Familie bemühte sich jetzt dem abzuhelfen. Shakespeare, Schiller und andere Klassiker wurden mit verteilten Rollen gelesen. Die Frau des Philosophen Eduard von Hartmann, eine ältere Freundin der Mutter, nahm ihn im privaten „Kulturkreis" unter ihre Fittiche.

Doch damit nicht genug, ein zweites Mal griff die väterliche Autorität steuernd in den Wirkungsbereich von Manfreds Rumpelkammer-Labors ein – und entschied damit endgültig seine spätere Fachrichtung. Diverse heftige Explosionen in Anwesenheit von Gästen der Eltern und die Schädigung von Fensterbrettern durch Salzsäure hatten eines Tages seinen durchaus berechtigten Unwillen erregt. Vielleicht wäre ihm das noch verziehen worden.

Aber als kurz darauf bei Leucht-Beschriftung der Küchenwand mit weißem Phosphor ein nur schwer zu löschender Brand die Wohnungseinrichtung gefährdete, wurde Manfred unwiderruflich jede weitere praktische Tätigkeit auf dem Gebiet der anorganischen Chemie untersagt. Chemikalien, Retorten und Bechergläser der chemischen Einrichtung musste er verkaufen.

DER RUNDFUNKIONIER

Um nicht schon wieder den Ärger der Familie auf sich zu ziehen, entschloss er sich möglichst lautlos und unauffällig zu arbeiten. Dafür bot sich die drahtlose Telegrafie an, deren Fortschritte er schon seit längerer Zeit mit leidenschaftlicher Anteilnahme verfolgte. Damals

1921, gab es in einem bestimmten Charlottenburger Elektrogeschäft die verschiedensten Teile aus Heeresbeständen für den Bau von Empfangs- und Sendegeräten günstig zu kaufen. Er investierte sein Gespartes, doch die Abhörversuche mit einer Antenne, die unter dem Dach verspannt war, einem Silizium-Detektor und einem hochohmigen Hörer blieben zunächst erfolglos. Also fuhr er mit dem Detektor-Empfänger und zwei Schulfreunden zur Großfunkstelle nach Nauen und hörte dort fast unmittelbar unter den Antennen des Senders das von der Tonfunkstation regelmäßig kurz vor dreizehn Uhr ausgesandte Zeitzeichen, sein erster drahtloser Empfang im selbstgebauten Gerät.

Über die Station Nauen lief bis zum Zweiten Weltkrieg ein großer Teil des Nachrichtenverkehrs Deutschlands mit den außereuropäischen Ländern. Das im Takt der Morsezeichen modulierte Singen der Hochfrequenzmaschinen und Frequenzwandler muss man gehört und die über zweihundert Meter hohen, auf einer Spitze stehenden Antennenmasten von unten betrachtet haben, um zu verstehen, welch nachhaltigen Eindrücke die in ihrer romantischen Entwicklungsphase befindliche Technik hinterlassen konnte.

Nach einigen Schaltungsvariationen gelang es Manfred von Ardenne, das Zeitzeichen des Nauener Tonfunksenders in der elterlichen Wohnung zu empfangen. Nachdem er seine Anlage auf höchste Empfindlichkeit getrimmt hatte, wurde das Abhören des Schiffsverkehrs auf Ost- und Nordsee vor allem im 600-Meter-Wellenbereich zu einem immer neuen aufregenden Erlebnis. Oft waren auf dieser Welle die Morsezeichen der Küstenfunkstellen Norddeich und Swinemünde laut hörbar.

Auf seinen Streifzügen durch die Elektrogeschäfte Berlins stellte er schnell fest, dass von Geschäft zu Geschäft erhebliche Preisunterschiede zwischen den aus Heeresbeständen stammenden Teilen früherer Funkstationen bestanden. Das machte er sich zu nutze, kaufte ein, verkaufte und betrieb einen florierenden Handel mit allen funktechnischen Ersatzteilen. Von einem seiner Handelspartner, dem In-

haber eines kleinen Kellergeschäftes in der Blücherstraße nahe dem Halleschen Tor, erfuhr er, dass ein gewisser Dr. Sigmund Loewe, dem ein größeres Hochfrequenzlaboratorium gehörte, hier regelmäßig einkaufte. Manfred von Ardenne bemühte sich, durch häufigen Besuch des Kellergeschäftes mit Herrn Loewe zusammenzutreffen.
Endlich im Dezember 1922 stand ihm Loewe gegenüber. Sofort überfiel er Loewe mit einer Fülle von Fragen, die den erfinderischen Industriellen wohl beeindruckten. Denn bevor Loewe das Geschäft verließ, lud er Manfred von Ardenne ein, ihn in seinem Laboratorium zu besuchen. Damit begann eine zehnjährige Verbindung und Freundschaft zwischen dem Rundfunkpionier und dem noch jungen Manfred von Ardenne. Im Sommer 1923 hielt Dr. Loewe über seinen eigenen Versuchssender in der Gitschiner Straße eine von Schallplattenmusik begleitete Ansprache. Diese Rundfunksendung wurde mit Empfangsgeräten, die der Schüler Manfred von Ardenne gebaut hatte, in den Physiksaal des Friedrich-Realgymnasiums übertragen. In dem „Radio"-Vortrag ging es um die großen Zukunftsaussichten der Hochfrequenztechnik im Allgemeinen und den Zweck des neuen Rundfunks im Besonderen. Ein Nebenziel dieser Veranstaltung war, bei der anwesenden Lehrerschaft den Eindruck auf die schlechten schulischen Leistungen Manfreds in den nicht naturwissenschaftlichen Fächern zu kompensieren. Das Lehrerkollegium war tatsächlich derart beeindruckt, dass Manfred von Ardenne in die nächste Klasse aufrücken durfte, allerdings nur unter der Bedingung, mit Mittlerer Reife (endlich!) vom Realgymnasium abzugehen.
Er verließ dann das Realgymnasium gerade rechtzeitig, um an der im Herbst 1923 beginnenden Rundfunkentwicklung aktiv teilnehmen zu können. Noch bevor er die Schule verließ, hatte er sein erstes Patent angemeldet und einen ersten Artikel für eine Fachzeitschrift geschrieben.
Das letzte Schuljahr jedoch hatte für seine Familie noch so einige Aufregungen in sich. Manfred und seine Freunde sendeten wild und frei regelmäßig auf den Wellen um 400 Meter und waren dabei aufgefal-

len. Sie wurden angepeilt und abgehört. Der Zufall wollte es, dass die Klavierkunst seiner Schwester gerade bei der fraglichen Sendung nicht zur Verfügung stand. Stattdessen hatten die jungen Radiomacher einen Zeitungstext vorgetragen und ausgestrahlt, in dem wiederholt die Stadt Moskau vorkam. Sofort vermutete man einen illegalen kommunistischen Sender. Die politische Abteilung des Berliner Polizeipräsidiums erhielt die Anweisung, den geheimnisvollen Sender auffliegen zu lassen. Früh, am Sonntagmorgen wurde das Haus umstellt. Ein Leutnant, gefolgt von sechs Mann mit vorgehaltener Waffe, verlangte stürmisch Einlass in die Wohnung der zu dieser Stunde noch friedlich schlummernden Eltern. Nach eingehender Hausdurchsuchung versiegelten sie sämtliche Türen und Schränke des Funkraums von Manfred. Er selbst sollte am folgenden Tag im Polizeipräsidium, Abteilung der politischen Polizei, am Alexanderplatz erscheinen.
Es kam wie es zu erwarten war, die Polizei verkündete Manfred von Ardennes Anlagen einzuziehen. Er alarmierte sofort seine Freunde. Zusammen gelang es ihnen innerhalb von wenigen Stunden einen Berg von defekten Bauteilen, durchgebrannten Röhren und veraltete, auf alle Fälle aber technisch gut aussehende Gegenstände zusammenzutragen. Mit Wasserdampf lösten sie die polizeilichen Siegel und ersetzten in fieberhafter Tätigkeit seine hochwertigen Anlagen und Röhren durch entsprechende Attrappen. Schließlich wurden die Siegel wieder angeklebt. Während Manfred und seine Kumpanen die geretteten Anlagen über die Hintertreppe in die Wohnung benachbarter Freunde schleppten, erschienen auf der Vordertreppe bereits die ersten Polizeibeamten in Zivil, um den Abtransport des „Geheimsenders“ in das Polizeipräsidium vorzunehmen.
Nach eingehenden Verhören bei der Berliner Polizei folgte recht bald eine Vorladung zur Verhandlung beim Neuköllner Jugendgericht. Nach einem Sachverständigengutachten und der Verteidigungsrede, die sein Vater übernommen hatte, plädierte der Staatsanwalt für die endgültige Einziehung aller beschlagnahmten Geräte und eine Geldstrafe, da Manfred bereits erhebliche Honorare aus seinen Beiträgen

in der Tagespresse bezöge. Als Beweis legte die Staatsanwaltschaft einen soeben veröffentlichten Beitrag aus der „BZ am Mittag“ vor.
Immerhin war Manfred von Ardenne froh, nach diesen dramatischen Zwischenfällen durch den nicht bekannt gewordenen Kniff, sein Laboratorium gerettet zu haben. Danach fuhr er, wie so oft im Sommer mit seiner Familie auf das Gut Borstel seines Onkels Graf Baudissin in Holstein. Mit seinem Vetter Wolf Graf Baudissin , der nach dem Zweiten Weltkrieg den Neuaufbau der Bundeswehr mit gestaltete, streifte er damals munter durch die Wälder der Umgebung. Auch das erste Buch von Manfred entstand hier in der Sommerfrische auf dem Gut des Onkels. Sein „Funk-Ruf-Buch“ enthielt eine Zusammenstellung aller in Berlin aufnehmbarer Funkstationen einschließlich ihrer Rufzeichen und Wellenlängen sowie der streng geheimen Sendestationen der Reichswehr und der Polizei.
Diese Lückenlosigkeit seiner Aufstellung beunruhigte gleichzeitig mehrere Ministerien. Er wurde wieder eingehend verhört und ein Postrat der das amtliche Verzeichnis betreute legte ihm dringend nahe, die Veröffentlichung zurück zu ziehen. Wollte er aber nicht, denn das Honorar war schon verplant, für Neuanschaffungen. Aber diesmal ging alles gut, im Gegensatz zur vorausgegangenen Beschlagnahme seiner gesamten technischen Gerätschaften durch die Politische Polizei, wegen des illegalem Sendebetrieb. Die Veröffentlichung über Rufzeichen und Wellenlängen erfolgte wieder erwarten ohne staatliche Gegenmaßnahmen.
Ende 1923 hatte Manfred von Ardenne eine für die Inflationszeit ungewöhnliche Einnahme. Gerlach in Königswusterhausen und Herzog in Eberswalde führten damals wöchentlich zu bestimmten Zeiten Versuchssendungen durch und wer einen Empfänger hatte, konnte auf drahtlosem Weg übertragene Musik hören. Eine Sensation! Das veranlasste einen gutsituierten Kaufmann am Kurfürstendamm, Manfred von Ardenne den Auftrag zu erteilen, eine Empfangsanlage mit vier Röhren zu bauen. Vereinbarter Preis dafür: sieben Goldstücke. Von einem Goldstück kaufte er hochempfindliche Messinstru-

mente für sein künftiges Laboratorium, den Rest legte er zurück. Am 4. September 1923 fand ein Familienereignis statt, wie es man es nur selten feiern kann: Die eiserne Hochzeit seiner Großeltern Heinrich und Elisabeth von Ohlendorf in Hamburg. Heinrich Freiherr von Ohlendorf war ein Freund Bismarcks gewesen und hatte zur Unterstützung von dessen Politik die „Norddeutsche Allgemeine Zeitung" gegründet. Es war eine glanzvolle Festlichkeit, die noch einmal die große Familie dieses erfolgreichen Hamburger Kaufmanns vereinte. In den letzten Jahren vor seinem Tod interessierte sich Manfred Ardennes Großvater lebhaft für die damals gerade aufkommenden ersten Radios. Die Rundfunkvorträge und Bücher seines Urenkels Manfreds zu diesem Thema haben dem alten Herrn besondere Freude bereitet.

Manfred von Ardenne hatte eine sehr glückliche Jugend, wie er selbst sagte, auch weil sie von sinnvoller Tätigkeit erfüllt war. Schon mit siebzehn Jahren machte er sich in Berlin selbstständig, es war der Beginn einer schillernden und erfolgreichen Forscherkarriere die ihresgleichen sucht. Die drei Abschnitte der Geschichte der Weimarer Republik, erlebten Manfred von Ardenne und Otto Hahn zum Teil gemeinsam, aber ohne von einander zu ahnen in Berlin: Die Zeit des Aufbaues bis 1924; die Zeit des Aufschwungs bis 1930 und die Zeit der Zersetzung bis 1933. Außenpolitisch wird diese Zeit entscheidend von Gustav Stresemann (Deutsche Volkspartei) geprägt. In seinen sechs Amtjahren erlebte Stresemann von 1923 bis 1929 insgesamt acht Regierungsumbildungen. Er wirkte konsequent als Vermittler und „Kompromißminister". Ziel seiner Politik ist die Wiedergewinnung der deutschen Vormachtstellung in Mitteleuropa unter den Bedingungen der durch den Ersten Weltkrieg geschaffenen neuen Situation. Mit der Verleihung des Friedensnobelpreises 1926 an Stresemann und seinen französischen Kollegen Briand werden ihre Bemühungen um den Frieden in Europa gewürdigt.

Die 1929 einsetzende Weltwirtschaftskrise zerstört dann jede Grundlage für eine weitere Stabilisierung. Als unmittelbare Folge verschärf-

ten sich die wirtschaftlichen, sozialen und auch die politischen Gegensätze in Deutschland.
Ein Jahr zuvor, 1928, mietete Manfred von Ardenne in Berlin Lichterfelde-Ost, Jungfernstieg 19, ein großes mehrstöckiges Haus, das dann länger als sechzehn Jahre seine eigene Arbeits- und Wohnstätte werden sollte. Bei Abschluss des Mietvertrages, der eine Optionsklausel für den späteren Kauf des Gebäudes und des fünftausend Quadratmeter großen Grundstücks enthielt, war Manfred von Ardenne noch nicht volljährig. Sein Vater musste mitunterschreiben.
Völlig unerwartet machte Ardennes Hausinhaber kurze zeit später die Offerte, das Haus zu verkaufen, obwohl ein langjähriger Mietvertrag zugrunde lag. Er wollte wohl im Angesicht der drohenden Weltwirtschaftskrise in andere Werte flüchten. Schweren Herzens kaufte Manfred von Ardenne das Haus. Er hatte bereits viele Installationen und Einbauten vorgenommen. So kam es das er eine Gesamtschuld von über 150.000 Reichsmark auf sich nahm. In diesen Zeiten waren die privaten Mittel so knapp, dass Ardenne über anderthalb Jahre in einem fast leeren Schlafzimmer ohne Tapeten hausen musste. Dafür entwickelte sich das Laboratorium ausgezeichnet und beträchtliche Lizenzsummen flossen direkt in sein Laboratorium und erst einmal in die Lohnzahlungen für seine Mitarbeiter.
Verstimmt durch die Nichtbeachtung seiner Pionierarbeit in der Nachrichtentechnik durch die Großindustrie, beschloss Ardenne sich einer neuen Aufgabe zu widmen: Der Übertragung von Fernsehbildern mit Elektronenstrahlröhren. Beim ersten Versuch im Jahre 1928 war außer Ardenne selbst nur noch sein Glasbläser Emil Lorenz zugegen, der das Versuchsrohr hergestellt hatte. Lorenz arbeitete zuvor bei Otto Warburg in Dahlem. Als er zu Ardenne überwechseln wollte, versucht Fritz Haber, der seine Tüchtigkeit schätzen gelernt hatte, ihn für das Kaiser-Wilhelm-Institut für Biologie zurückzuhalten. Lorenz wechselte trotzdem ins Privatlabor zu Ardenne und war von 1928 bis zu seinem Tode 1971 in Dresden, also über dreiundvierzig Jahre, einer seiner engsten Mitarbeiter.

Lorenz und Manfred von Ardenne gingen mit Begeisterung frisch ans Werk. Sie entnahmen ihrem Fertigungslager voller Hoffnung zwei Elektronenstrahlröhren, stellten zwei Einrichtungen zur Erzeugung der Ablenkspannungen aus Bestandteilen des Niederfrequenz-Labors zusammen, brachten einen Breitband Verstärker in Betriebsbereitschaft und entlehnten dem optischen Labor eine Linse hoher Lichtstärke und eine Photozelle geringer Trägheit. Noch am gleichen Abend, am 14. Dezember 1930 hatten beide das entscheidende Erlebnis. Ardenne hielt eine Schere vor den Schirm seines „Leuchtfleck-Abtasters" und sie sahen tatsächlich, wie die Konturen am anderen Ende des Zimmers auf dem Leuchtschirm der Empfangsröhre erschienen. Sie wiederholten den Versuch mit einem Diapositiv und erzielten einen noch viel eindrucksvolleren Erfolg: Dies war die Geburtstunde des elektronischen Fernsehens. Der Leuchtfleck-Abtaster, der an diesem Tag von Ardenne konzipiert und experimentell realisiert wurde, ist später unter der englischen Bezeichnung „flying spot scanner" zum Begriff geworden.
Im Durchschnitt meldete Ardenne pro Woche nun zwei Patente an und um sein Laboratorium zusätzlich auf internationaler Ebene einen festen Platz zu sichern, hat er bis zu Beginn des Zweiten Weltkrieges immer größten Wert darauf gelegt, regelmäßig in den Fachzeitschriften des Auslands zu publizieren.
Als das Jahr 1933 begann, hatte Manfred von Ardenne mit seinem Laboratorium und hauptsächlich durch regelmäßig eingehende Lizenzgebühren schon ein festes wirtschaftliches Fundament geschaffen. Dennoch spürte Ardenne, wie er später sagte, ein gewisses Unbehagen, das in der politischen Entwicklung begründet lag. Auch sein Vater, der alle Geschehnisse aufmerksam verfolgte äußerte sich immer häufiger besorgt über das rasante Aufkommen der Hitlerpartei. Manfred von Ardenne selbst war damals politisch noch sehr uninteressiert und ganz mit seinen technischen Aufgaben beschäftigt. Sein leidenschaftliches Interesse galt vor allem den technisch-wissenschaftlichen Problemen, die auf ihn ein-

stürmten. Sein eigentliches Hobby war eben doch nur die Arbeit. Seine Forschung an der Elektronenstrahlröhre führte unmittelbar nach der Regierungsübernahme Hitlers zu intensiven Wünschen der neuen Machthaber auf dem Gebiet der elektronischen Fernsehtechnik. Er entwickelte 1936 das Polarkoordinaten-Elektronenstrahlrohr und sein Institut lieferte die ersten Apparaturen zur Erprobung mit Breitband-Verstärkern und Elektronenstrahl Ozillographen an die Versuchsabteilungen von Telefunken, Luftfahrt und Marine.

1933 wurde Manfred von Ardenne auf der Berliner Funkausstellung am Stand seiner Versuchsanlage durch Postminister Ohnesorge Adolf Hitler vorgestellt. Am Rundgang Hitlers nahm ein großer Kreis von höheren Staats- und Postbeamten Teil. Ardenne bemerkte anschließend, wie eine Anzahl ihm bis dahin sehr kühl gegenüberstehender Beamter nach seiner bevorzugten Behandlung durch Ohnesorge und Hitler augenblicklich ihre Einstellung zu ihm änderten – und dies möglichst lebhaft bekundeten.

Gleich nachdem Hitler die Ausstellungshalle verlassen hatte implodierte auf dem benachbarten Stand des Reichspostzentralamtes eine große 35-cm Kolben-Fernsehröhre mit lautem Knall. Wenige Minuten zuvor hatte Hitler noch direkt davor gestanden. Die Glassplitter blieben zum Teil in der gegenüber liegenden Wand des Messestandes stecken. Wie hätte das schwerbewaffnete Führerbegleitkommando von der SS auf diese Röhrenimplosion reagiert? Jedenfalls hielten Ardennes Fachkollegen von der Reichspost danach eine Art Dankgottesdienst ab.

Mitte des Jahres 1934 hatte sich der Absatz von Elektronenstrahlröhren und Oszillographen aus dem Lichterfelder Laboratorium erheblich erhöht. Ardenne stand vor der Wahl, sich entweder auf die Fertigung dieser Einheiten zu spezialisieren und damit Hersteller von elektronischen Messgeräten zu werden oder aber den Fabrikationssektor abzutrennen und seine Fähigkeiten auf die reine Entwicklungs- und Forschungstätigkeit zu konzentrieren. Bekannterweise gewann seine zweite Variante und führte Ende1934 zur Gründung der Ley-

bold und von Ardenne Oszillographengesellschaft in Köln und Berlin, die aus Kapazitätsgründen 1937 dann dem Großkonzern Siemens und Halske angegliedert wurde. Fortan eine sichere und regelmäßige Einnahmequelle.
Sicher war sich Manfred von Ardenne auch, als er 1938 zum zweiten Mal heiratete. Seine erste Ehe, die kinderlos blieb, wurde nach einigen Turbulenzen geschieden. Seine „Neue" Bettina Bergengruen, eine 1916 in Berlin geborene Enkelin des „Alt Heidelberg"-Dichters Wilhelm Meyer-Förster und zugleich Nichte des Schriftstellers Werner Bergengruen, gab ihm endlich die ersehnte Harmonie der ehelichen und häuslichen Sphäre. Seine zweite Frau hat ihm dann immer wieder geholfen, schwere Stunden im und nach den Krieg leichter zu ertragen. Nicht ganz zufällig erschien in Ardennes Ehe im Abstand von etwa drei bis fünf Jahren ein neues Baby.

SCHICKSALSJAHRE

Mit welchen gemischten Gefühlen der Beginn des Zweiten Weltkrieges in der Familie Ardenne aufgenommen wurde lässt sich vorerst nur erahnen. Wenige Monate später waren zwei Brüder von Manfred von Ardenne gefallen, Gothilo und Ekkehard. Die Trauer war groß. Gefallen, weil sie für einen verhassten Diktator kämpfen mussten. Die ablehnende Einstellung zu Hitler war schon beim Vater der Brüder und auch bei ihrem Vetter Erwin von Witzleben stark ausgeprägt. Selbst bei Ekkehards Pate beim Eintritt in das traditionsreiche Regiment 9 der Potsdamer Garnison Hennig von Treskow, der nach dem missglückten Attentat auf Hitler am 21. Juli 1944 seinem Leben ein Ende setzte, stand Hitler immer im Focus handfester Kritik.
Der Weiterbstand des Ardenneschen Instituts während des Krieges in Berlin schien zunächst auf dem üblichen Weg über das Rüstungskommando gesichert. Denn Manfred von Ardenne selbst war politisch eher unauffällig und seine Erfindungen waren einfach zu begehrt.

Am 2. Februar 1940 besuchte Geheimrat Max Planck Ardennes Institut und informierte sich über sein Universal-Elektronenmikroskop. Planck war von den Wiedergaben chemischer Moleküle erstmals auf einem Leuchtschirm des Mikroskops richtig begeistert.

Als Professor Planck sich verabschieden wollte, fragte Manfred von Ardenne, ob er ihn mit seinem Mercedes nach Hause fahren dürfe. Dadurch, dass Geheimrat Planck seinen Arbeiten soviel Interesse entgegengebracht und sich sehr zugänglich gezeigt hatte, war Manfred von Ardenne ermutigt, ein ganz persönliches Gespräch zu führen – in aller Offenheit. Auf dem Rücksitz lag der „Völkische Beobachter" mit dem Wehrmachtsbericht: „ … Die deutsche Luftwaffe setzte die Aufklärungsarbeit gegen Großbritannien fort". Max Plank hatte die Zeitung in die Hand genommen und sprach diese Zeilen laut nach.

Ardenne fragte ganz spontan: „Was wird geschehen?" „Das können sie ja im „Völkischen Beobachter" nachlesen. Wir fahren gegen England". Er fragte von Ardenne, wobei er ihn von der Seite ansah: „Oder glauben sie das nicht? Haben sie Zweifel?" „Ja", antwortete Ardenne. „Ich kenne Amerika. Die ungeheure industrielle Potenz dieses Landes". „Sie glauben also, erwiderte Planck, Amerika wird uns eines Tages den Krieg erklären?" „Ja", meinte Ardenne.

„Dann erwarten wir das gleiche. Die jetzigen militärischen Erfolge sollten einen Wissenschaftler, der kritisch zu denken gelernt hat, nicht täuschen. Leider täuschen sich noch immer sehr viele". Nach längerer Pause fügte Planck hinzu: „Ich bin sehr besorgt". Daraufhin fragte Ardenne: „Sie denken an die Hahnsche Entdeckung der Urankernspaltung? Was werden die Folgen sein?" „Die Folgen werden unvorstellbar sein", antwortete Planck mit tiefernstem Gesicht. Und wie zu sich selbst sagte er: „Wenn dieses Machtmittel in unrechte Hände gerät …" Er sprach den Satz nicht zu Ende. Ich wollte etwas erwidern, erinnerte sich Manfred von Ardenne. Mir fiel nichts Besseres ein als: „Es ist die gewaltigste Energiequelle der Natur". „Ja", entgegnete Planck „und sie müsste zu Wohle der Menschen eingesetzt werden. Aber es wird anders kommen". Von Max Plancks hohem Verantwortungsgefühl war

Ardenne tief beeindruckt und begann sich Gedanken darüber zu machen, wie der einzelne Forscher auf die Anwendung seiner Arbeitsergebnisse Einfluss nehmen kann.
Max Planck wird oftmals als Mensch beschrieben, der in seinem Urteil bis aufs äußerste abwägend und vorsichtig gewesen sei. War er in seinen Überlegungen zu einem Ergebnis gekommen, so vertrat er seine Überzeugung jedoch mit eindringlicher Bestimmtheit und seltener Zivilcourage. Aus dieser Haltung erklärt sich auch sein mutiger Gang zu Hitler nach 1933, um als Präsident der Kaiser-Wilhelm-Gesellschaft sein Veto gegen die Judenverfolgung einzulegen. Hitler hat ihn damals einfach stehen gelassen und sich wortlos von Planck abgewendet. Mit der Hinrichtung Plancks Sohn, der im deutschen Widerstand verankert war, rächte sich Hitler an seinem Widersacher aufs grausamste. Der menschliche Ungeist beugte den menschlichen Genius. Max Planck trug für den Rest seines Lebens schwer am Tod seines Sohnes, verursacht durch Hitlers Rachejustiz.
Anfang 1940 wurde auch Manfred von Ardenne von dem neuen Feld der Atomphysik „infiziert". Insgeheim dachte er dabei an die technischen Vorraussetzungen zur Herstellung von radioaktiven Isotopen für die Indikatorenmethode. Diese vor allem für biochemische, biologische und medizinische Untersuchungen wichtigen Analysemöglichkeiten waren sein Ziel. Zugleich wurde in seinem Laboratorium als auch im Mierendorfer Institut der Deutschen Reichspost unter seiner Leitung mit dem Bau einer 60-Tonnen-Zyklotron-Anlage und später einer Pilotanlage für magnetische Massentrennung mit Plasma-Ionenquelle begonnen.
Im Gegensatz zu den staatlichen kontrollierten Instituten konnte Manfred von Ardenne und dank der Toleranz des Reichspostministers Ohnesorge auch politisch belastete oder durch die „Arier"-Paragrafen betroffene Forscher und Mitarbeiter gegenüber den Nazimachthabern stillschweigend beschäftigen. So auch den Kernphysiker F.G. Houtermans, der als Hitler an die Macht kam in die Sowjetunion emigrierte. Später kam er wieder nach Deutschland, wo ihn die Gestapo

verhaftete. Nach seiner Freilassung – namhafte Wissenschaftler hatten sich für ihn verwendet – trat er am 1.Januar 1941 auf Vermittlung von Professor Max von Laue in den Kreis Ardennes Mitarbeiter ein und war dort bis kurz vor Kriegsende tätig. Mit seinen wissenschaftlichen Arbeiten hatte Houtermans wichtige physikalische Grundlagen für die Produktion der Wasserstoffbombe im Lichterfelder Team von Manfred von Ardenne geschaffen, die anschließend in der Sowjetunion verwertet wurden.

DER KLASSENUNTERSCHIED

Als Otto Hahn 1879 in Frankfurt am Main geboren wurde, erlebt das kaiserliche Deutschland eine innenpolitische Wende, auch „zweite Reichsgründung" genannt. Kampf gegen die Sozialdemokratie, schroffe Nationalitätenpolitik, preußisches Dreiklassenwahlrecht und Fehlschläge auf dem Weg zu einer parlamentarisch verantwortlichen Regierung, das sind die großen innenpolitischen Krisenherde der „Wilhelminischen Ära". Der offene Ausbruch der schwelenden Spannungen wird durch die dynamische Entwicklung Deutschlands zum größten Industriestaat Europas verhindert beziehungsweise überlagert.

Im Gegensatz zu Manfred von Ardennes Jugend, die in Kreisen des höheren Adels stattfand, wuchs der junge Otto Hahn 28 Jahre zuvor in einer engagierten Handwerkerfamilie auf, in einer Zeit des allgemeinen Umbruchs in Deutschland. Sein Vater, Heinrich Hahn der das Glaserhandwerk erlernt hatte zog in die damals Freie Reichstadt Frankfurt. Hier heiratete er im Jahre 1875 eine junge Witwe, Charlotte Stutzmann, geb. Giese, die bereits für einen Sohn aus erster Ehe, Karl, 1870 geboren, zu sorgen hatte. Dem Ehepaar Hahn wurden nacheinander drei Söhne geboren: 1876 Heiner, 1877 Julius und am 8. März 1879 der jüngste Otto. Begünstigt durch den wirtschaftlichen Aufschwung, der nach dem gewonnenen Krieg 1870/71 und den von

Frankreich zu zahlenden Reparationsleistungen an Deutschland, gelang es Hahns fleißigem Vater eine gesicherte Existenz aufzubauen. Seinen bescheidenen Handwerksbetrieb konnte er zu einem größeren Unternehmen, unter dem Namen Glasbau Heinrich Hahn ausbauen. Auch politisch engagierte sich Hahns Vater. Als Vertreter des gehobenen Handwerkerstandes wirkte er einige Jahre als Stadtverordneter der Demokratischen Partei.

Seit dem Frühjahr 1885 besuchte Otto eine Oberrealschule in Frankfurt. Sein Bruder Karl hingegen war Schüler des Goethe-Gymnasiums, einer angesehenen humanistischen Bildungsstätte. Otto hat sich nie ganz von dem Komplex befreien können, keine im eigentlichen Sinn humanistische Bildung erhalten zu haben. „Ich bin nur Oberrealschüler", pflegte er immer zu sagen, auch noch im hohen Alter.

Ungeachtet des bürgerlichen Wohlstands der Eltern wurden die vier Jungs im Hause Hahn zur Sparsamkeit und Bescheidenheit erzogen, genossen aber sonst alle Vorzüge einer unbeschwerten Jugend. Besonders deutlich erinnerte sich Otto an seine Jugendlektüre, wobei er eingestand die abenteuerlichen Erzählungen von Cooper (Lederstrumpf) und Jules Verne (20.000 Meilen unter dem Meer) geradezu verschlungen zu haben. Später zählten populäre naturwissenschaftlich-technische Bücher, ähnlich wie bei Manfred von Ardenne, zur ausgesuchten Lieblingslektüre.

„Ich war ein ganz guter, aber niemals ein vorzüglicher Schüler, erster war ich nie", kommentierte Otto Hahn seine schulischen Leistungen aus der Rückschau. Interessant ist, wie Otto Hahn den Unterricht in den naturwissenschaftlichen Fächern einschätze: „Dem Physiklehrer gelang es trotz aller Anstrengungen nicht, uns für Physik zu interessieren. Der Unterricht in Chemie war zum Schlafen langweilig, und doch interessierte ich mich zunehmend für dieses Fach". Die Folge davon war, dass Otto in der häuslichen Waschküche seine ersten Experimente machte, chemische Spielereien, wie er sie bezeichnete. Auf diese Weise lernte Otto, Wasserstoff herzustellen, mit Sauerstoff Kohle zu verbrennen und ergötzte sich an den – durchaus nicht harmlosen

– explosiven Reaktionen mit Natrium, Phosphor und Kaliumchlorat. Auf Wunsch des Vaters sollte Otto Hahn Architekt werden. Doch der Sohn überzeugte seinen Vater, dass er kein Talent zum Zeichnen, keine künstlerische Begabung habe, also zum Architekten denkbar ungeeignet sei.

Ostern 1897 bestand Otto Hahn sein Abitur mit gutem Erfolg. Später aus der Sicht des Professors der Chemie urteilte er über seine damaligen Leistungen etwas spöttisch: „Mein Abschlusszeugnis zeigte drei volle Einsen, aber nicht etwa in Chemie, Mathematik und Physik, sondern in – Turnen, Singen und Religion!"

MEIN SOHN TRINKT BIER

Als Achtzehnjähriger ließ sich Otto Hahn an der Universität Marburg immatrikulieren. „Da es damals hieß, dass Marburg keine Universität habe, sondern eine Universität sei, entschied ich mich für diese Stadt", begründete er seinen Entschluss. Recht sorglos verlief von nun an seine Studienzeit. Neben den Lehrveranstaltungen und Praktika war sie zu einem Teil mit Streichen und Späßen ausgefüllt. Der junge Hahn war, wie man heute sagt kein Kind von Traurigkeit. Er genoss das unabhängige Studentenleben in vollen Zügen, raufte mit anderen in der schlagenden Verbindung und lernte schnell das „zünftige" Trinken. Die Eltern bekamen nicht selten Postkarten des Inhalts: Von gemütlicher Kneipe, sendet euch herzliche Grüße … Kein Wunder, wenn Otto Hahns Vater auf gelegentliche Fragen nach dem Wohlergehen seines Jüngsten nur die pauschale Antwort gab: „Mein Sohn ist in Marburg und trinkt Bier".

An der Universität studierte Hahn im Hauptfach Chemie bei Professor Theodor Zinke. „Das Hauptkolleg bei Zinke war lehrreich, der Vortrag sachlich", urteilte Hahn später. Als zweites Hauptfach wählte er Physik, als Nebenfach Mineralogie und Kristallographie. Aber mit der Physik stand es nicht zum Besten. Das hatte triftige Gründe.

Denn der Physikprofessor Melde war ein alter Herr, den die Studenten nicht sehr ernst nahmen. Seine Vorlesungen hielt er frühmorgens von acht bis neun Uhr. Melde liest zu früh, lautete die einhellige Meinung der in Marburg studierenden Jugend. Natürlich war auch Otto Hahn selten in einer der Vorlesungen zu finden. Er hat dieses Versäumnis, wie er selbst sagte, nie wieder wettmachen können. Ähnlich erging es Hahn auch mit Mathematik an der Universität Marburg.

Nach Abschluss des zweiten Semesters wechselte Otto Hahn, einem damaligen Brauch folgend, die Universität. In München hörte er ein Jahr lang die Vorlesungen bekannter Autoritäten der Chemie. Wieder in Marburg, begann cand. chem. Otto Hahn, jetzt im sechsten Semester, gleich seine Doktorarbeit.

Zu Hahns Versäumnissen in Bezug auf die Fächer Physik und Mathematik ist eine kleine Episode überliefert: Ohrenzeugen belauschten Jahre später einen wissenschaftlichen Disput zwischen Professor Hahn und seiner Mitarbeiterin, der Physikerin Lise Meitner. Die Unterhaltung fand im Treppenhaus seines Berliner Instituts statt. Nach einem fachlichen Hin und Her zwischen den beiden fielen Meitners „vernichtende“ Worte: „Hähnchen, geh nach oben und mach Chemie, von Physik verstehst du nichts“.

Im Allgemeinen verging jedoch Hahns Marburger und Münchner Universitätsjahre unter den üblichen Bedingungen eines jungen Chemiestutenten im kaiserlichen Deutschland. So verlief sein Studium sorglos und mit vielen vergnügten Stunden, weil er nie vorhatte Wissenschaftler zu werden. Hahn war überzeugt, dass es für eine Stelle in der Industrie nicht nötig sei, mehr als das Hauptfach, nämlich Chemie, zu pflegen. Hätte ich meine spätere Entwicklung vorausgeahnt, sagte Hahn dazu, dann hätte ich dem Nebenfach Physik und auch der Mathematik mehr Zeit geschenkt.

Als am 8. Juli 1901 zum ersten Mal in Stockholm die Nobelpreise verliehen wurden, reichte Otto Hahn sein Gesuch für die Zulassung zum Rigorosum bei der Philosophischen Fakultät der Universität ein. Mit der Note „magna cum laude“ bestand Kandidat Otto Hahn danach seine Doktorprüfung. Bevor Hahn sich nach einer Anstellung umsah, absolvierte er einen einjährigen Militärdienst im Infanterieregiment Nummer 81 in Frankfurt am Main. Man war Soldat, weil es Kaiser und Vaterland so wollten und genierte sich, wenn man von der Dienstpflicht befreit wurde.

Während Otto Hahn seinen Militärdienst im Frankfurter Infanterieregiment ableistete, hatte der deutsche Kaiser in Berlin nur seine Marinepläne im Kopf. Wilhelm II träumt von mächtigen Linienschlachtschiffen und von der Beherrschung der Meere. Doktorvater Zincke hingegen ließ Hahn noch während dieser Zeit wissen, dass er ihn ab dem 1. Oktober 1902 gern wieder an seinem Institut sähe. Mit Freude nahm der junge Dr. Hahn die angebotene Assistentenstelle an. Er kehrte für zwei Jahre an die Marburger Universität zurück. Mit Zinckes Empfehlung, so hoffte er, könne er später eine gute Anstellung in der Industrie finden.

Zweifellos hat Otto Hahn seinem Lehrer, dem Ordinarius für Chemie an der Marburger Universität manches zu verdanken, besonders die Erziehung zur systematisch wissenschaftlichen Tätigkeit und exakten Arbeitsweise.

Zwei Jahre lang assistierte Hahn bei Professor Zinckes Chemie-Vorlesungen. Geheimrat Zincke begeisterte seine Studenten mit effektvollen Experimenten. In der Vorlesung über anorganische Chemie, die im Sommerhalbjahr stattfand, gehörte die Demonstration der Wirkung des Chlorknallgases zu einem Höhepunkt. Hahn musste zu diesem Zweck einen mit Wasserstoff und Chlor gefüllten Zweiliterkolben auf einen durch Sonne beschienen Platz stellen und alle warteten gespannt, bis der Inhalt kurz darauf mit einer Stichflamme und lautem Knall reagierte. In einem anderen Fall füllte Otto Hahn Seifenblasen mit gewöhnlichem Knallgas und brachte sie mit einer brennenden Kerze zur Explosion.

Vorsichtshalber hatte er die Kerze an einer langen Stange befestigt. Großes Hallo brach jedes Mal im Hörsaal aus, wenn die flinken Seifenblasen dem Assistenten Dr. Hahn ein um das andere Mal zu entwischen drohten. Hahn erinnerte sich, „Erwünscht waren natürlich möglichst große Seifenblasen, weil sie besonders schön laut knallten". In der Vorlesung über organische Chemie wurde weniger experimentiert. So fand Hahn mehr Zeit für andere Arbeiten. Seine Dissertation über organische Chemie von 1901 bereitete er nun mit seinem Doktorvater Zincke für eine neue Veröffentlichung vor. In einer erweiterten Fassung erschien diese Arbeit am 18. September 1903 in der Fachzeitschrift „Liebigs Analen der Chemie" unter der Rubrik „Mitteilungen aus dem Chemischen Institut zu Marburg". Es war das erste Mal, dass Otto Hahns Name in einer chemischen Fachzeitung zu lesen war.

Weitere Veröffentlichungen aus seiner Marburger Zeit gibt es nicht. Wie Hahn dazu selbst sagte, hatte er während dieser Zeit keinerlei Ehrgeiz zum Forschen. In diesen Jahren verfügte die organische Chemie über ein noch überschaubares Faktenmaterial: Die Benzolchemie hatte eben ihren Siegeszug angetreten. Synthetische Farbstoffe begannen den Markt zu erobern. Von Jahr zu Jahr bereicherten neue Präparate die Palette der synthetisch hergestellten Arzneistoffe.

Für Otto Hahn bestand kein Zweifel, dass er nach Ablauf seiner Assistentenstelle in Marburg weiterhin auf dem Gebiet der organischen Chemie tätig sein würde. Seine Pläne schienen sich zu verwirklichen, als ihm durch Vermittlung seines Doktorvaters eine interessante Stelle als Industriechemiker angeboten wurde. Die Firma jedoch wünschte, dass der junge Doktor Fremdsprachen beherrsche, da auch Tätigkeiten im Ausland zu seinen Aufgaben gehören würden. Professor Zincke riet seinem Schützling für einige Zeit nach England zu gehen. Es gelang Zincke Otto Hahn bei William Ramsay am University College in London einen Arbeitsplatz zu vermitteln. Ramsay kannte Zincke noch aus seiner Studienzeit in Deutschland und Hahns Eltern konnten dem Sohn mühelos den Auslandsaufenthalt finanzieren. So reiste Otto Hahn im September 1904 nach London.

London war zu Beginn des zwanzigsten Jahrhundert das Zentrum des Welthandels. Auch das wissenschaftliche Leben Englands konzentrierte sich auf die britische Hauptstadt. Die berühmte „Royal Society“, ihrem Charakter nach eine Akademie der Wissenschaften, konnte auf eine zweihundertfünfzig jährige Tradition zurückblicken. In den Analen der Gesellschaft sind die Namen der großen britischen Naturwissenschaftler zu finden und zu ihren ausländischen Mitgliedern zählen stets die berühmtesten Gelehrten der Welt.

Die Leistungen der britischen Wissenschaft knüpft an die Namen Boyle, Newton, Dalton, Faraday, James Watt, Maxwell, Darwin, Thomson, Ramsay und Rutherford. Sie bestimmten maßgeblich die Entwicklung der Naturwissenschaften und verhalfen der Royal Society zu internationalem Ansehen. An dieser Stelle sei auch daran erinnert, dass im Jahr 1950 der Physiker Klaus Fuchs in die Royal Society aufgenommen werden sollte. Wie schon gesagt, nur seine Enttarnung und Verurteilung als Atomspion für die Sowjetunion verhinderten diese hohe Würdigung.

Otto Hahn war sich daher durchaus bewusst, was es bedeutete unter Professor Ramsay arbeiten zu dürfen. Sir William Ramsay galt als ein hervorragender Gelehrter. Für seine Entdeckung der Edelgase und die Aufklärung der Zusammensetzung der atmosphärischen Luft wurde Ramsay im Jahr 1904 mit den Nobelpreis für Chemie ausgezeichnet.

Der junge Doktor Otto Hahn erzählte Professor Ramsay von seinem wissenschaftlichen Werdegang und bat ihn um eine Aufgabe. Nach kurzer Überlegung meinte Ramsay: „Sie werden über Radioaktivität arbeiten“. Für den organischen Chemiker Hahn kam dieser Auftrag mehr als überraschend. Über Radioaktivität hatte er in den Vorlesungen an den Universitäten Marburg und München kein Sterbenswort gehört. Hahn war ehrlich genug, dem berühmten Gelehrten einzugestehen, dass er von Radioaktivität nichts verstehe und auf diesem Gebiet keinerlei Erfahrung besitze.

Doch Ramsay war ein guter Psychologe. „Das ist gerade das Richtige. Sie haben keine vor gefasste Meinung und können deshalb völlig unbefangen an diese für uns alle noch recht mysteriösen Dinge herangehen“. Und dann machte Ramsay dem jungen Chemiker in fesselnder

Weise mit seiner eigentlichen Forschungsaufgabe bekannt: Ramsay hatte 5 Zentner eines seltenen Minerals, Thorianit genannt aufgekauft. Auf der ganzen Welt kommt dieses Mineral nur auf der Insel Ceylon (heute Sri Lanka) vor und selbst dort fand man es nur in geringen Mengen vor. Von diesem Mineral wusste man, dass es stark radioaktiv ist. Eine englische Firma hatte das Gestein bereits aufbereitet. Von den 5 Zentnern waren 18 Gramm eines weißen Salzes, im wesentlichen Bariumkarbonat, übriggeblieben, das auch das gesamte die Radioaktivität bewirkende Radium enthalten sollte: In einer Menge von nur schätzungsweise 9 Milligramm. Ramsay Vorschlag ging dahin, das kostbare Radium nach der von Pierre und Marie Curie praktizierten Methode der fraktionierten Kristallisation abzutrennen und in einige organische zu überführen, um deren Molekulargewicht zu ermitteln. Diese Versuche sollte nun Otto Hahn ausführen.

Aus 18 Gramm Substanz 0,009 Gramm eines fremden Elements abzuscheiden erschien dem jungen Forscher als ein heikles Unterfangen. Er hatte insofern Glück, als sich William Ramsays Interesse schon seit einiger Zeit der Radioaktivität zugewandt hatte, so dass daher bereits verschiedene Apparaturen und Messgeräte im Institut vorhanden waren. Dennoch brauchte Otto Hahn einige Zeit, um sich mit der Radioaktivität und ihrer sehr jungen Geschichte vertraut zu werden.

Schon zu Beginn des Jahres 1903 konnte man erstaunlicher Weise schon kleine Mengen des seltenen Radiums im Handel erhalten. Weltweit gab es aber nur eine einzige Bezugsquelle: Professor Giesel in Braunschweig, der die Herstellung sozusagen aus Hobby betrieb. Ramsay und sein Kollege Soddy erhielten eine Menge von 30 Milligramm und begannen sofort mit ihren Experimenten. Tatsächlich gelang es den beiden Forschern, die Bildung von Helium aus Radium mit Hilfe empfindlicher spektralanalytischer Methoden nachzuweisen. Zum ersten Mal war somit der experimentelle Beweis gelungen, dass sich ein chemisches Element in ein anders umwandeln lässt.

Otto Hahn ging in jenen Jahren mit Feuereifer an die ihm von Ramsay gestellten Aufgaben. Hahn notierte sich sorgfältig, was Ramsay

in seinen Londoner Vorlesungen berichtete. Skizzen und Versuchsbeschreibungen beweisen, dass Hahn damals schon sehr genau beobachtete und in seinen Aufzeichnungen äußerst gewissenhaft war.
In der feinen Gesellschaft gab es zu diesem Zeitpunkt noch ein anderes Ereignis, das aber nur außerhalb der Laboratorien und Hörsäle Furore machte. Zwei Liebesaffären, die in London und Berlin spielten, scheuchten die Presseberichterstatter auf. In beiden Fällen handelt es sich um Schauspielerinnen, die weniger durch ihre Künste, als durch ihre Schönheit und Eleganz bekannt waren. In der Berliner Affäre war der Name des Prinzen Joachim Albrecht von Preußen verwickelt. Der Prinz, der in Kreisen der Berliner Lebewelt sehr bekannt ist, stand in Beziehung zu der Schauspielerin Marie Sulzer, die durch Verheiratung mit einem österreichischen Adligen, Baron Liebenberg, sich den Baroninnentitel verschaffte, um sich auf diese Weise leichter in die Gesellschaftskreise ihres prinzlichen Freundes Eingang zu finden. Nach Bekanntwerden der Scheinheirat wurde Prinz Joachim Albrecht nach Südwestafrika versetzt. – Die zweite Affäre ist deutsch-englisch. Vor den Londoner Gerichten wurde ein interessanter Prozess wegen Bruchs des Eheversprechens verhandelt. Die Londoner Schauspielerin Marion Draughn klagte gegen Heinrich Thyssen, den Sohn des legendären rheinischen Großindustriellen.
Der nächste spektakuläre Artikel der wieder die volle Aufmerksamkeit der Wissenschaft hatte, war dann in der Londoner Tagespresse vom März 1905 zu lesen. Das Blatt berichtete über eine „Neue Entdeckung“ …, die sich in die vielen glänzenden Erfolge aus dem Institut von Ramsay einreiht: Dr. Otto Hahn, der am University College arbeitet, hat ein neues radioaktives Element entdeckt, extrahiert aus einem Mineral aus Ceylon namens Thorianit...“
Als sich Hahns Aufenthalt in London dem Ende zu neigte, fragte ihn Ramsay nach seinen weiteren Plänen. Hahn erzählte ihn von seiner Anstellung als Industriechemiker in Deutschland. Doch Ramsay schüttelte missbilligend den Kopf. „Mister Hahn, sie haben ein neues radioaktives Element entdeckt. Das ist eine exzellente Empfehlung.

Deshalb sollten sie bei der Radioaktivität bleiben. Gehen sie nach Berlin. An der größten deutschen Universität wird es für sie sicher einen Platz geben, wo sie ihre Forschungen fortsetzen und sich habilitieren können..."

Plötzlich schien Ramsay noch etwas Besseres eingefallen zu sein: „Doch vorher sollten sie bei Ernest Rutherford in Montreal arbeiten. Er ist ein Meister auf seinem Gebiet und nirgendwo können sie mehr über Radioaktivität lernen als in seinem Institut".

Noch während des Sommers 1905 suchte Hahn Emil Fischer, den Direktor des Chemischen Instituts der Berliner Universität auf. Doch Fischer konnte ihm vorerst keine eigene Abteilung in Aussicht stellen. Trotz Fischers entgegenkommen und Ramsays Protektion war Hahn Zukunft also noch reichlich ungewiss. Damals herrschten denkbar ungünstige Umstände für die Hochschullaufbahn eines Radiochemikers. Die Lehrstühle der deutschen Universitäten waren durch Professoren der organischen und anorganischen Chemie besetzt. Über „Radioaktivität" gab es in Berlin keine Vorlesungen und es forschte so gut wie niemand. Hahn kamen erhebliche Bedenken. Er war überzeugt, dass sein bei Ramsay erworbenes Wissen nicht ausreichen würde, um eine eigene Abteilung für Radiochemie am Leben zu erhalten.

Als Hahn noch überlegte, was jetzt am besten zu tun sei, traf Rutherfords Einladung aus Montreal in Berlin ein. Mit herzlichen Worten war Hahn nach Kanada eingeladen worden. Dennoch beherrschten den jungen Wissenschaftler zwiespältige Gefühle, als er sich Ende September 1905 nach New York einschiffte. Würde er vor Ernest Rutherford genauso bestehen wie vor William Ramsay?

Erst der Anblick der Freiheitsstatue in der New Yorker Hafeneinfahrt brachte Otto Hahn auf andere Gedanken.

Einige Tage Aufenthalt in New York, dann verließ Hahn die Stadt und fuhr mit dem Dampfschiff den Hudson herauf bis Albany. Von dort reiste er weiter nach Buffalo und zu den Niagarafällen. Mit der Eisenbahn erreichte er schließlich Montreal. Zwei Universitäten gaben dem wissenschaftlichen Antlitz der Stadt ihre Prägung: eine katholische

Universität im französischen Viertel und im englischen Stadtbezirk die McGill University, zu der auch Rutherfords Forschungsstätte, das Macdonalds Physics Bulding gehörte.

Die Begrüßung war kaum vorüber, als Rutherford seinen Gast sofort in ein längeres Gespräch über das angeblich neu entdeckte Radiothorium verwickelte. Rutherford hielt mit seinen Zweifeln nicht zurück. Aber Hahn konnte den Physiker von seiner Entdeckung überzeugen. Es gelang ihm, Rutherfords Skepsis zu zerstreuen, denn er fand in Rutherfords Institut kurze Zeit später ein weiteres unbekanntes Radioelement, das man dort übersehen hatte: Radioactinium. Damit waren die wissenschaftlichen Zweifel zwischen Lehrer und Entdecker gänzlich ausgeräumt. Zu Hahns kleinem Privatvergnügen in Montreal gehörte dann schnell das Straßenbahn fahren. Immer wenn der Schaffner der elektrischen Bahn seine Fahrgäste mit „Tickets please, Gentlemen empfing und einige Stationen weiter ausrief: „Les billets, Messieurs, war Otto Hahn stets amüsiert. Denn die Grenzen zwischen dem anglo-kanadischen und franko-kanadischen Sprachraum verliefen in der geschäftigen Hafen- und Industriestadt für den Fahrgast völlig unsichtbar, jedoch hörbar.

Zweifellos hat Rutherfords Persönlichkeit die weitere Entwicklung Otto Hahns entscheidend mitgeprägt. Rutherfords überschäumende Begeisterung für die wissenschaftliche Forschung und seine Arbeitsfreude waren sprichwörtlich und weckten auch bei Hahn die Liebe zur Wissenschaft und den rastlosen Forschergeist. Rutherford und Hahn schieden als gute Freunde, als der junge Deutsche nach einem dreiviertel Jahr Aufenthalt in Montreal wieder nach Berlin zurückkehrte.

An der Berliner Universität im Chemischen Institut in der Hessischen Straße wartete auf Otto Hahn eine unbenutzte Holzwerkstatt. Emil Fischer hatte eine „Ecke für seinen begabten Kollegen freigemacht". Und das, wenn man bedenkt, dass die chemische Wissenschaft in Deutschland einen hohen Stand hatte. Doch Hahn nahm daran wenig Anstoß. Auch konnte er zu diesem Zeitpunkt nicht wissen, dass die Hälfte aller Nobelpreise für Chemie im ersten Jahrzehnt der Preisverleihung – 1901 bis 1910 – an deutsche Forscher gehen würde. Geschweige denn, dass er einmal selbst den Nobelpreisträger für Chemie erhalte würde. Als erster Deutscher hat Emil Fischer im Jahre 1902 den Chemie-Nobelpreis für seine bahnbrechenden Arbeiten bei der Zuckersynthese erhalten. Er galt als führender Experimentalchemiker auf dem Gebiet der organischen Synthese und arbeitete eng mit der Chemieindustrie zusammen.

Fischer sorgte trotzdem dafür, dass in seinem Institut die angewandte und allgemeine Chemie in Forschung und Lehre vertreten waren. Wieder hatte Hahn ein wenig Lampenfieber. Wie würde sich seine Zukunft bei Emil Fischer in Berlin entwickeln? Hahns Bedenken waren verständlich. In Fischers Institut wusste kein Mensch etwas Genaues über Radioaktivität und kaum einer nahm Hahns Arbeiten ernst. Der junge Radiochemiker war ganz auf sich allein gestellt.

Von Ramsay hatte Hahn als „Mitgift“ das Radiothor bekommen. Zwei Milligramm Radium kauft Otto Hahn sich dann bei Giesel in Braunschweig selbst dazu, damals noch zu dem akzeptablen Preis von insgesamt 200 Mark. Später schnellte der Radiumpreis in die Höhe, als das Interesse der Mediziner an dieser „Wundersubstanz“ erwacht war: Radium sollte Krebsgeschwüre heilen.

Da Otto Hahn auch die anderen wichtigen Radioelemente besaß, konnte er seine bei Rutherford begonnenen Arbeiten fortsetzen. Und seine Erfolgsserie riss nicht ab. In alten Thoriumpräparaten spürte Hahn das lang gesuchte Zerfallsprodukt auf, dessen Existenz er bereits in Montreal vermutet hatte.

Hahn nannte das neue Radiumisotop, das dem Radium sehr ähnlich ist, Mesothorium. Für das immer teuerer werdende Radium sollte Hahns Mesothor bald Bedeutung erreichen. Zeitweilig stand es als „Deutsches Radium“ hoch im Kurs. Mesothor war nach Radium das zweite Radioelement, das in größeren Mengen fabrikmäßig hergestellt wurde. Als Ausgangsmaterial verwendete man Monazitsand, die Rohstoffbasis für Thorium. Monaztit ist ein gelb bis rötlichbraunes Mineral und enthält das Erdmetall Cer. Weitere Untersuchungen an Mesothor zeigten, dass diese Substanz eigentlich komplex ist und aus Mesothor 1 und aus Mesothor 2 besteht. Für das Mesothor 1 fanden die Laborantinnen der Berliner Thoriumfabrik Knöfler & Co einen bleibenden Namen: „Sonnenscheinchen“ nannten sie es, denn im Dunkeln begannen die angereicherten Salze dieses Radioelements wunderschön zu leuchten. Hahn Bemühungen für das Mesothor 2 den Namen „Berlinothor“ einzuführen, war kein Erfolg beschieden. Später produzierte die Auer-Gesellschaft das Mesothor, nachdem es ihr gelungen war, in einem Patentstreit mit Knöfler & Co eigene Herstellungsansprüche durchzusetzen. Gegen Ende des Zweiten Weltkriegs wurde bekannterweise das Auerwerke in Berlin-Oranienburg von den Amerikanern aus kriegstaktischen Gründen im Zusammenhang mit der deutschen Atomrüstung in Grund und Boden gebombt.

Als sich Hahns Mesothor jedoch zuvor in der Medizin weitere Anwendungsgebiete eroberte, verfasste der Endecker eine ausführliche Information, die am 3. August 1911 in der in Köthen erscheinenden „Chemiker-Zeitung“ abgedruckt wurde: „Über die Eigenschaften des technisch hergestellten Mesothoriums und seine Dosierung“. Alle Interessenten erfuhren zu ihrer Verwunderung, dass das neue Präparat eigentlich gar kein hundertprozentiger Ersatz für Radium sei. Hahn räumte ein, dass im Mesothor stets 25 Prozent Radium als „Verunreinigung“ enthalten sind.

Die Fachwelt wunderte sich, weil sie Hahn als allererste deutsche Kapazität auf radiochemischen Gebiet schätzen gelernt hatte und deshalb nicht glauben wollte, dass ihm die Abtrennung des Radiums unmöglich sei. Hahn führte an, dass eine Reindarstellung von Mesothor nicht realisierbar ist, weil Radium und Mesathor dieselben chemischen Eigenschaften haben. Dieselben Eigenschaften und doch nicht identisch? Wer löste dieses Rätsel?

Rutherfords Freund und Kollege Bertram B. Boltwood, der als Professor für Radiochemie an der Yale-Univerity tätig war, hatte die Leistung Otto Hahns bei der Entdeckung des Mesothors, der Muttersubstanz

des Radiothors, anerkennen müssen und ihm fairer Weise zu diesem Erfolg gratuliert, so war es bei der Suche nach der Muttersubstanz des Radiums umgekehrt.
Beide Forscher gingen von derselben zwingenden Überlegung aus: Die Zeit, in der Radium zur Hälfte zerfällt, beträgt rund 2000 Jahre. Aber aus welchem Element entsteht Radium? Da es stets in Gemeinschaft mit Uran vorkommt, hätte es sich aus diesem Element bilden müssen. Das war zuerst auch Hahns und Boltwoods Meinung. Trotz mancher Versuche konnten sie jedoch in radiumfreien Uranproben auch nach längerer Beobachtungszeit kein neu entstandenes Radium nachweisen.
Boltwood griff zu einer neuen Hypothese: Radium stamme aus Actinium. Doch Hahn glaubte nicht daran, sondern schrieb nach Joachimstal in Böhmen und bat um eine bestimmte Fraktion aus der Aufarbeitung der Uranpechblende, in der er den „Stammvater“ des Radiums glaubte suchen zu müssen und tatsächlich auch fand. Doch diesmal verlor Hahn den wissenschaftlichen Wettstreit mit seinen Rivalen Professor Boltwood. Hahn kam nach jahrelanger Suche um einige Wochen zu spät. In Boltwoods Veröffentlichung „Bemerkungen über ein neues radioaktiven Elements“ berichtigte der Amerikaner sein früheres Ergebnis und beschrieb die geglückte Auffindung des gesuchten Elements, das er „Ionium“ nannte. Boltwood war praktisch denselben Weg gegangen wie Hahn, nur diesmal war der Amerikaner eben schneller gewesen.
Im Januar des Jahres 1907 bewarb sich Otto Hahn an der Philosophischen Fakultät der Berliner Universität als Privatdozent für Chemie. Die Fakultät erkannte als Habilitationsschrift Hahns Arbeit über das Radithorium aus dem „Jahrbuch der Radioaktivität und Elektronik“ 1905 an, die er zusammen mit zehn weiteren Veröffentlichungen eingereicht hatte. Als Gutachter waren Emil Fischer und Walter Nernst ausersehen.
Professor Nernst ist bekanntgeworden durch seine theoretischen Arbeiten auf dem Gebiet der physikalischen Chemie. Einen Namen hat

er sich außerdem mit seiner Erfindung der sogenannten Nernstschen Glühlampe erworben.
Es war damals üblich, Anträge auf Zulassung zum Habilitationsverfahren öffentlich in der Fakultät auszuhängen. Gleichzeitig kursierte eine Mitteilung, die alle Vertreter des Lehrkörpers gegenzuzeichnen hatten. Es spricht für eine Voreingenommenheit gegenüber einem noch weitgehend unbekannten Forschungsgebiet, wenn Hahn Habilitationsgesuch mit manch abfälliger Bemerkung kommentiert wurde: „Es ist doch unglaublich, was sich heute alles habilitiert", äußerte sich einer der Kollegen.
Hauptsächlich Professor Nernst zeigte sich nicht ganz überzeugt von Hahns Fähigkeiten: „ … dass der Herr Kandidat die Methoden der radiochemischen Forschung in den Laboratorien von Ramsay und Rutherford gründlich kennengelernt und mit aller Sachkenntnis zu handhaben versteht, setzen die vorgelegten Arbeiten außer Zweifel. Nicht ganz so sicher bin ich freilich, was die Fähigkeit des Herrn Dr. Hahn zu selbstständiger origineller Forschung anlangt; hier ist nicht zu verkennen, dass er bisher auf direkte Anregung der oben genannten Forscher hin gearbeitet hat und so hätte ich es lieber gesehen, wenn der Herr Kandidat auch irgendwelche auf eigene Initiative hin ausgeführte Arbeiten aufweisen könnte …" Aber eigentlich hatte Nernst keine anderen grundsätzlichen Bedenken, so dass Otto Hahns Habilitation nichts mehr im Wege stand.

OTTO HAHN UND DIE BUNSENGESELLSCHAFT

Hahns erste öffentliche Feuertaufe erfolgte darauf in Hamburg bei der Hauptversammlung der Deutschen Bunsengesellschaft für angewandte und physikalische Chemie. Der 10. Mai 1907 war ein Freitag Im großen Hörsaal der Staatslaboratorien füllten sich am Vormittag schnell die Sitzreihen. Der geheime Regierungsrat Prof. Dr. Nernst

aus Berlin eröffnete die Hauptversammlung. Thema des Tages: „Radioaktivität und Atomzerfallshypothese."
Zwar war der Name des Vortragenden Dr. Hahn aus Berlin nur wenigen Teilnehmern bekannt, doch jeder hatte schon etwas von der Theorie des radioaktiven Zerfalls vernommen und mancher Widerspruch war darüber im Umlauf. Nernst moderierte den Vortrag an und verwies darauf, dass Hahn bei Rutherford gearbeitet habe. Rutherford war ein Begriff. Es waren deshalb Informationen sozusagen aus erster Hand zu erwarten. Otto Hahn erläuterte kurz das Phänomen der Radioaktivität und würdigte Rutherfords Leistungen. Um mit einem Beispiel die Probleme der angewandten radioaktiven Forschung zu veranschaulichen, berichtete Hahn von den Untersuchungen Boltwoods, mit Hilfe des radioaktiven Gleichgewichts Uran – Radium das Alter von Mineralien und der Erde abzuschätzen. Boltwood hatte in verschiedenen Uranmineralien stets dasselbe Verhältnis zwischen Uran und Radium gefunden und zwar die an sich unvorstellbare Konzentration von 0,00000038 Gramm Radium je Gramm Uran.
Mit einigen Zahlen versuchte Hahn das Verständnis seiner Zuhörer für die ungeheuren Energien zu wecken, die in den Atomen innewohnen. Er erläuterte das am Beispiel der Energie, die ein Gramm Radium während eines Jahres abgibt. Sie ist viele tausend Male größer als die, die man bei der Explosion der stärksten Explosionskörper bei gleichen Mengen beobachtet.
Was könnte also näherliegen, als diese Energiequelle nutzbar zu machen? Doch Hahn ließ diese Fragestellung gar nicht erst aufkommen, er führte seine Zuhörer auf den Boden der Realität zurück: „An solche Energiebeträge können wir mit unseren chemischen und physikalischen Hilfsmitteln nicht, wenigstens vorläufig nicht, herankommen".
Geheimrat Tammann, Professor für anorganische Chemie in Göttingen, ein international anerkannter Gelehrter, eröffnete am Nachmittag mit einer Anfrage die mit Spannung erwartete Diskussion.
Gustav Tammann gehörte zur Generation jener Wissenschaftler, die den neuen Erkenntnissen auf dem Gebiet der Radioaktivität und

der Atomstruktur bisweilen recht hilflos gegenüberstanden. So war es nicht verwunderlich, dass er den Ausführungen Hahns mit einer tüchtigen Portion Misstrauen begegnete. Auf Otto Hahns Bericht über das Uran-Radium-Verhältnis eingehend, bemerkte Tammann: „Ich glaube, die Theorie fordert aber mehr. Sie fordert nicht nur, dass das Verhältnis ein konstantes ist, sondern auch, dass die Verteilung des Radiums im Uran eine vollkommen gleichmäßige und homogene ist. Das ist, soweit ich weiß – hier sind Leute die die Literatur viel besser verfolgen – noch nicht in wünschenswerter Schärfe nachgewiesen. Wenn dem aber so ist, so besagen die – von Dr. Hahn vorgetragenen – Pauschalanalysen wohl kaum etwas Sicheres". Otto Hahn versuchte den Diskussionsredner vom Gegenteil zu überzeugen. Ohne Erfolg. Zwischenrufe ließen sich hören. „Das ist ein Missverständnis!" meldete sich Professor Henrich aus Erlangen zu Wort. Er gehörte zu den Sachverständigen und hatte selbst einen Vortrag zu diesem Thema gehalten. Auch Otto Hahn widersprach Tammann weiter recht temperamentvoll. Einige ältere Wissenschaftler waren darüber sichtlich verärgert, passte doch Hahns Auftreten nicht zu den Gepflogenheiten, die die akademische Hierarchie von ihm forderte. „Was ist das für einer?" wurde gefragt. Irgendjemand wusste eine Antwort: „Das ist so ein anglisierter Berliner".
Tammann ergriff erneut das Wort: „Eine andere Frage, die ich noch zur Diskussion bringen möchte, denn nirgends wird man so schnell und sicher belehrt wie hier …" Der ironische Unterton war nicht zu überhören. „Es ist mir aufgefallen, dass mehre Male heute gesagt worden ist, die Emanation gehört zu den Edelgasen. Ich kann dem nicht ganz beistimmen, denn von den bekannten Edelgasen ist bis heute nicht nachgewiesen worden, dass sie irgendwie zerfallen und für uns Verbindungen sind, jedenfalls nicht Elemente. Es berührt dies die Frage: sind die radioaktiven Elemente überhaupt Elemente, meine Herren? Das Radium passt ja nach ja nach dem was wir wissen, doch nicht in das periodische System … Aber wir werden ja wahrscheinlich in kurzer Zeit eines Besseren belehrt".

Tammanns letzte Worte waren kaum noch im Tumult zu verstehen, der im Hörsaal ausgebrochen war. Man diskutierte wild durcheinander. Empörte Zwischenrufe wurden laut, aber auch Beifall und manches befreiendes Lachen konnte man hören.

In seiner Eigenschaft als Vorsitzender erkämpfte sich Walter Nernst nach einigen vergeblichen Ordnungsrufen endlich Ruhe und versuchte mit einem salomonischen Urteil den Streit zu schlichten: „Das ist doch Sache der Definition. Man kann ja definieren: Ein Element, das in der Masse konstant bleibt, ist ein Element, das radioaktiv sich umwandelt, ist kein Element."

Die anwesenden Wissenschaftler waren nicht so recht von der Nernstschen Definition begeistert und Hahn schon gar nicht. Sachlichkeit kehrte erst wieder in die Diskussion ein, als Otto Hahn erneut ums Wort bat: „Ich möchte erst auf die Frage nach der Natur der radioaktiven Emanation erwidern. … Im Allgemeinen nennt man Edelgase solche, die bis jetzt durch keinen noch so energischen Angriff in irgendeine Verbindung hineinzubringen waren. Die Radiumemanation wurde über glühendes Magnesium geleitet, über glühendes Kupfer, durch die verschiedensten Reagenzien, die bei allen anderen Gasen, die nicht zur Gruppe der Edelgasen gehören, hingereicht hätten, eine Verbindung zu bewirken. Die Radiumemanation wurde unverändert, nachdem sie alle Systeme passiert hatte, zurückgefunden …"

Tammann unterbrach Otto Hahn: „Ich würde sie aber doch nicht zu den Edelgasen rechnen, weil den Edelgasen die radioaktive Reaktion des Zerfalls abgeht". „Die Frage nach dem Unterschiede zwischen den radioaktiven Emanationen und den Edelgasen, fuhr Hahn unbeirrt fort, steht und fällt mit der zweiten Frage von Professor Tammann, ob das Radium ein Element ist. … Das Radium wurde bis jetzt und wird noch immer von der größten Mehrheit der Forscher als Element angesehen, obgleich es Strahlen aussende. Der Unterschied zwischen ihm und anderen Elementen ist nur graduell. Das Uran wurde immer als Element angesehen und sendet auch Strahlen

aus. Wir haben Elemente, die sich in drei Sekunden zersetzen, haben solche, die sich in tausend Millionen Jahren zersetzen, wie Thorium und Uran".
Professor Brauner aus Prag konnte dazu mit einer Theorie aufwarten: „Ich stelle mir die Sache so vor, dass es sogar tote, ausgestorbene Elemente geben kann, die nicht mehr existieren ... Warum sollte es nicht auch kurzlebige Elemente geben, welche einmal existiert haben oder wenigstens jetzt in so geringen Mengen existieren, dass man auf die Spur derselben nicht gekommen ist".
Professor Nernst meinte dazu ein wenig spöttisch: „Der wenig tröstlichen Hypothese des Kollegen Brauner, dass es schon gestorbene Elemente gibt, könnte man auch die hoffnungsfreudige Hypothese entgegenstellen: Einzelne Elemente sind noch nicht geboren".
In dieser humorvollen Wendung steckte ein Körnchen Zukunft. Damals war im periodischen System nur Platz für 92 Elemente. Einige davon waren noch gar nicht entdeckt. Deshalb gab es Lücken. Heute kennen wir 107 Elemente, wobei jene mit Ordnungszahlen von 93 bis 107 tatsächlich künstlich hergestellt worden sind. Auch die im Jahre 1907 noch nicht bekannten chemischen Grundstoffe mit den Ordnungszahlen 43, 61,85 und 87 kommen nicht in der Natur vor, sondern mussten erst im Labor „geboren" werden.
Durch Otto Hahns Vortrag auf der Hamburger Bunsentagung war ein ernstes wissenschaftliches Problem der Zeit zur Sprache gekommen. Bei aller Begeisterung, die die Entdeckung eines neuen Elements stets nach sich zog, die Auffindung so zahlreicher radioaktiver Elemente hatte zuletzt nur noch Ratlosigkeit und Verwirrung erzeugt. Der Grund: Die Radioelemente ließen sich nicht mehr in das Periodensystem einordnen. Es gab zwar noch Lücken, aber keinen Platz mehr für sie. Lediglich die zuerst entdeckten Elemente Uran, Radium, Polonium, Thorium und Actinium hatten ihren Stammplatz gefunden.

CHEMIE TRIFFT PHYSIK

Nach der turbulenten Hamburger Tagung an der Hamburger Binnen-Alster erblickte zur gleichen Zeit ein gewisser Manfred von Ardenne das Licht der Welt und Hahn kehrte wieder zurück an die Berliner Universität um weiter zu forschen. Für seine Kollegen, von denen manche ehrgeizig an ihre akademische Karriere dachten, war der junge Doktor aus Frankfurt am Main auch nach seiner Habilitation kein Konkurrent. Von den Chemikern wurde das Radium nicht ernst genommen, meinte Hahn, doch er war darüber nicht sehr traurig. Der neue Privatdozent der Chemie suchte vielmehr den Kontakt zu den Physikern. So finden wir den Radiochemiker Hahn bald als Stammgast bei den wöchentlichen Kolloquien des Physikalischen Instituts und von den jungen Physikern zählten Otto von Bayer, James Frank, Gustav Hertz, Peter Pringsheim und Wilhelm Westphal bald zu seinen Freunden. Sie sind später alle berühmte Wissenschaftler geworden. Zwei von ihnen – Hertz und Frank – erhielten den Nobelpreis für Physik. In diesem Freundeskreis schloss Otto Hahn am 28. September 1907 Bekanntschaft mit einer gleichaltrigen Physikerin Lise Meitner. Der Tag sollte zu einem historischen Datum in der Geschichte der naturwissenschaftlichen Forschung in Deutschland werden. Lise Meitner war Österreicherin. Sie stammte aus Wien, wo sie am 7. November 1878 als Tochter eines jüdischen Rechtsanwalts geboren worden war. Schon früh zeigte sich das junge Mädchen überdurchschnittlich begabt. 1901 bestand sie die Matura (Abitur) mit Auszeichnung, studierte dann an der Wiener Universität acht Semester Physik und legte im Februar 1906 mit der Arbeit „Über die Wärmeleitung in inhomogenen Körpern" ihr Doktorexamen ab. Sie ist die zweite Frau, die an der Wiener Universität als Physikerin promoviert hat. Als ihr vertrauter Lehrmeister Ludwig Boltzmann plötzlich unerwartet starb, fasste Lise Meitner den Entschluss Wien zu verlassen, um in Berlin bei Max Planck ihre Ausbildung zu vervollständigen. Beide begannen sich einander zu schätzen und Lise Meitner war bald ein gern gesehener Gast im Hause Plank.

DAS FRÄULEIN DOKTOR

Doch nur Vorlesungen und Seminare füllten den Tagesablauf der jungen Forscherin nicht aus. Sie wollte unbedingt wieder experimentell arbeiten. Sie bat Institutsdirektor Professor Rubens, er möge ihr dabei behilflich sein. Geheimrat Rubens sah sich daraufhin während eines Kolloquiums im Kreis seiner Physiker um. „Ich wüsste eigentlich nur zwei, mit denen Fräulein Doktor Meitner zusammenarbeiten könnte. Doktor Ladenburg, Physiker an meinem Institut und Doktor Hahn, Chemiker und Spezialist für neuartige radioaktive Untersuchungen". Mit verschmitztem Lächeln befragte Rubens die Anwesenden: „Wer von den beiden Herren möchte Fräulein Meitner haben?"

Als die junge Forscherin bei dieser Frage leicht in Verlegenheit geriet, half ihr Otto Hahn galant: „Lassen wir doch unsere Kollegin selbst entscheiden, welches Arbeitsgebiet ihr am meisten zusagt". Lise Meitner wählte die Zusammenarbeit mit Otto Hahn und aus einem etwa zwei Jahre geplanten Aufenthalt bei Ihm wurden mehr als dreißig Jahre gemeinsame Arbeit und aufrichtige Freundschaft.

Allerdings war zu Anfang die praktische Arbeit noch mit einigen Schwierigkeiten verbunden, denn die regulären preußischen Hochschulgesetze erlaubten Frauen keine akademische Laufbahn. Erst Ende des Jahres 1908 wurde für den preußischen Staat eine Gesetzesvorlage wirksam, die Frauen das Universitätsstudium erlauben. Erst jetzt konnte sich Hahns Mitarbeiterin freizügig im Institut bewegen. Vorher war Lise Meitner nur der Aufenthalt in der sogenannten Holzwerkstatt und einem angrenzendem Raum gestattet. Hörsäle und Labors der Studenten waren für sie tabu gewesen. Trotz dieser gesellschaftlich bedingten Startschwierigkeiten begannen die beiden Wissenschaftler im Oktober 1907 mit ihrer gemeinsamen Forschungsarbeit. Sie ergänzten sich in vorbildlicher Weise. Beide hielten es für richtig, zunächst die Betastrahlen des neu entdeckten Mesothors zu studieren. Wichtige physikalische Kenndaten wie Durchdringungsvermögen und Geschwindigkeit sollten ermittelt werden.

Während der Kolloquien im Physikalischen Institut berichtete das mit hoher Geistesschärfe behaftete Duo Hahn/Meitner oft über ihre neuesten Arbeiten. Dann schwirrten Begriffe wie Thorium X und Thorium D, Radium C, Radiumactinium, Mesothor 1 und 2 sowie die Zahlenwerte ihrer radioaktiven und chemischen Konstanten in verwirrender Folge durch den Raum. Selbst Institutsdirektor Rubens schüttelte oftmals resignierend den Kopf: „Wie ist es ihnen nur möglich, all diese Namen zu unterscheiden und auch noch ihre chemischen Eigenschaften zu kennen? Das ist ja furchtbar kompliziert".
Lise Meitners und Otto Hahns gemeinsame Forschungsergebnisse verhalfen recht schnell der Berliner Universität zu internationaler Anerkennung. Das akribische Forscherteam aus der Holzwerkstatt war auf wissenschaftlichen Kongressen gern gesehen. Mit namhaften Radiumforschern auf der ganzen Welt verband beide bald ein enger Kontakt. Aus gutem Grund sprach man damals von einer „internationalen Familie der Atomforscher". Der „Begründer" dieser Familie, Physikprofessor Rutherford erhielt im Dezember 1908 den Chemienobelpreis „für seine Forschungen über die Zerlegung von Elementen und die Chemie radioaktiver Substanzen". Ein kurioser Fall, denn Ernest Ruterford hat die Radioaktivität nur rein physikalisch untersucht und interpretiert.
Auf dem internationalen „Kongress für Radiologie und Elektrizität", der vom 13. bis 15. September 1910 in Brüssel stattfand, traf sich wieder die ganze „Atomforscherfamilie" aus aller Welt. Während dieses Kongresses schloss Hahn erstmals die Bekanntschaft mit Marie Curie und Frederick Soddy. Der Brüsseler Kongress war einberufen worden um einheitliche, internationale Standards zu festzulegen.
Einhellige Zustimmung fand der ebenfalls auf dem Kongress gefasste Beschluss, die Einheit für die radioaktive Strahlung ab sofort „Curie" zu nennen. In ihrer Bescheidenheit wollte Marie Curie dies ablehnen, schließlich akzeptierte sie den Vorschlag mit dem Hinweis, dass sie ihn als Ehrung für ihren verunglückten Ehemann, Pierre Curie, auffasse. Im Jahr darauf, am 10. Dezember 1911 erhält Marie Curie ihren

zweiten Nobelpreis für die Entdeckung des Radiums und des Poloniums. Vor dieser Auszeichnung für Chemie erhielt sie bereits im Jahr 1903 den Nobelpreis für Physik.
Dreizehn Jahre nach seinem Abitur, also im Alter von 31 Jahren wurde Otto Hahn zum Professor ernannt. In dem am 10. Oktober 1910 vom Minister der geistlichen, Unterrichts- und Medizinangelegenheiten, von Trott zu Solz, ausgefertigten „Patent als Professor" heißt es, charakteristisch im Amtstiel des kaiserlichen Deutschlands: „Nachdem ich dem Privatdozenten an der Philosophischen Fakultät der Friedrich-Wilhelm-Universität zu Berlin, Dr. Otto Hahn, in Rücksicht auf seine anerkannten wissenschaftlichen Leistungen das Prädikat „Professor" verliehen habe, erteile ich demselben das gegenwärtige Patent in der Voraussetzung, dass der nunmehrige Professor Dr. Otto Hahn Seiner Majestät dem Könige und dem allerhöchstem Hause in unverbrüchlicher Treue ergeben bleiben und sich die Förderung der Wissenschaften wie bisher angelegen sein lassen werde, wogegen derselbe sich der öffentlichen Anerkennung und des Schutzes in dem ihm verliehenen Prädikat zu erfreuen haben soll …"

DIE ENTDECKUNG SEINES LEBENS

Im Mai des Jahres 1911 fuhr der neu ernannte Professor Otto Hahn in Richtung Ostsee, um an einer Tagung des Vereins Deutscher Chemiker in Stettin teilzunehmen. Er hatte sich bereit erklärt, hier einen Experimentalvortrag zu Thema „Eigenschaften des Mesothoriums und Radiothoriums" zu halten. Zu diesem Zweck fertigte die Berliner Thoriumfabrik Knöfler unter Hahn Anleitung ein Mesothorpräparat von einigen hundert Milligramm an. Dieses kostbare Demonstrationsobjekt besaß einen damaligen Wert von über 100.000 Mark. Mesothor in dieser Menge gab eine außerordentlich starke radioaktive Strahlung ab. Was Otto Hahn aber nicht hinderte, das Präparat einfach in der Aktentasche mitzunehmen.

Zum Tagungsort fuhr der Herr Professor mit der Straßenbahn. Offenbar schon mit seinen Gedanken ganz beim Vortrag, vergaß er die Tasche beim Aussteigen. Nur durch einen kühnen Sprung in die bereits wieder anfahrende Bahn konnte er das kostbare Präparat samt Aktentasche retten.
Zum Abschluss der Tagung hatten die Veranstalter zu einer unterhaltsamen Dampferfahrt eingeladen, Hier, auf den Wellen der Ostsee und nicht im Labor, sollte Otto Hahn die „Entdeckung seines Lebens" machen. An Bord lernte er eine junge Dame kennen, die ihm eigentlich erst aufgefallen war, als sie ihren mondänen Hut immer wieder vor der frischen Seebriese in Sicherheit zu bringen versuchte.
Edith Junghans (25), Studentin der Königlichen Kunstschule in Berlin, war auf Wunsch der Eltern nach Stettin gekommen. Ihr Vater, Justizrat Junghans, gehörte als Kommunalpolitiker zu den Honoratioren der Stadt, die man als Ehrengäste geladen hatte.
Auf der Rückfahrt nach Berlin ging Otto Hahn seine Zufallsbekanntschaft nicht mehr aus dem Sinn. Seine neue Entdeckung beschäftigte ihn im Augenblick mehr als alle Radioelemente zusammen. Er schrieb kurz entschlossen eine Karte an: Fräulein Edith Junghans, Königliche Kunstschule Berlin. Die Post erreichte tatsächlich ihr Ziel und beide trafen sich zur gegenseitigen Freude. Sie schmiedeten sofort Zukunftspläne. Auf einem romantischen Spaziergang durch den Berliner Grunewald verlobten sich die beiden. Kurz darauf fand die offizielle Verlobung in Stettin statt. Die Hochzeit wurde dann am 22. März 1913 gefeiert.

FORSCHER IM FELDGRAU

Die Ermordung des österreichisch-ungarischen Thronfolgers in Sarajevo fällt wie ein Donnerschlag auf Europa. Kaiser Wilhelm II. lässt die Kieler Woche abbrechen und kehrt sofort nach Berlin zurück. Am 31. Juli 1914, um 18 Uhr verkünden Extrablätter in Deutschland den

allgemeinen Kriegszustand. Ein Rausch der Kriegbegeisterung erfasst fast alle beteiligten Staaten in Europa, in dem kritische Stimmen nahezu untergehen.
Erstmals in der Geschichte arbeiten Wissenschaftler und Militärs eng bei der Entwicklung neuer Kampfmittel zusammen. Unmittelbar nach Kriegsausbruch wurden die Forschungsinstitute der Kaiser-Wilhelm-Gesellschaft in den Kriegsdienst gestellt und zu Militärinstituten umgebildet. Vom Kaiser-Wilhelm-Institut für Chemie blieben nur die Räume der radioaktiven Abteilung Hahn/Meitner militärisch ungenutzt.
Das bedeutete für Hahn jedoch nicht, dass er am Kriegsdienst vorbei kommen sollte. Zusammen mit seinen Kollegen Gustav Hertz, James Frank, Wilhelm Westphal und Erwin Madelung wurde Otto Hahn einem neuen Pionierregiment zugeteilt, das man für den Einsatz von Gaskampfstoffen drillte. Ihr Befehl lautete, bei günstigem Wind Chlorgas in Richtung des Feindes abzulassen.
Im Dezember 1916 versetzte man Hahn in das Große Hauptquartier. Während an der Front erbittert gekämpft wurde, erhielt Hahn den Befehl sich um die Fertigung von Giftgasgranaten zu kümmern. Sie wurden industriemäßig in der Chemischen Fabrik von Bayer-Leverkusen unter der Leitung von Carl Duisberg hergestellt. Ansätze zu einer kritischen Beurteilung des Missbrauchs wissenschaftlicher Erkenntnisse im Krieg wurden von einer fragwürdigen Treuepflicht gegenüber Kaiser und Vaterland verdrängt, auch von Otto Hahn.
Am 22. April 1915 begann mit dem „Tag von Ypern“ der Gaskrieg. An jenem Tag ließen die Deutschen im Frontabschnitt nordöstlich der belgischen Stadt Ypern Chlorgas ab. Die Giftgaswolke überraschte den Gegner völlig.
Die Brutalität, mit der sich die deutschen, französischen und englischen Truppen mit Gas bekämpften, nahm zu. Neue Giftarten – bekannt unter: Blaukreuz, Grünkreuz, Gelbkreuz – wurden auf den Schlachtfeldern eingesetzt.
Die Rolle von Professor Fritz Haber im Ersten Weltkrieg ist bis heute umstritten geblieben, sicher auch durch die Verleihung des Nobel-

preises für Chemie von 1918. Mit seiner Entdeckung, den Stickstoff der Luft in Ammoniak zu verwandeln und daraus die dringend benötigten Düngemittel herzustellen, hat er der Menschheit ein Mittel in die Hand gegeben den Hunger zu besiegen. Andererseits war sein Engagement für den Giftgaskrieg nicht vertretbar mit dem Ethos des Wissenschaftlers seine Entdeckungen zu Wohle der Menschen einzusetzen.

Mit der Anwendung von Giftgas hatte der Krieg eine unsägliche Dimension erhalten. Seit der Erfindung des Dynamits durch den Schweden Alfred Nobel kannte man kein anders Produkt naturwissenschaftlicher Forschung, das derart zur Vernichtung von Menschenleben benutzt werden konnte. Doch schon in diesen Jahren spielte man gedanklich mit einer Zerstörungskraft gigantischen Ausmaßes: der Atomenergie. Glücklicher Weise, so glaubte noch Frederick Soddy, sei die Menschheit für die Nutzung der Atomenergie derzeit „nicht kompetenter als ein Wilder, der eine Dampfmaschine benutzen will und nicht einmal weiß, wie man Feuer macht".

DER KAISER DANKT AB

8. November 1918, 11.30 Uhr. Ein Telegramm der Obersten Heeresleitung an die Reichskanzlei in Berlin meldet, dass mit dem Thronverzicht des Kaisers zu rechnen sei. 12.00 Uhr: Reichskanzler Max von Baden gibt die Abdankung Kaiser Wilhelm II. bekannt.

Auf den Tag genau, am 28. Juni 1919, fünf Jahre nach dem Attentat auf den österreichischen Erzherzog Franz Ferdinand, das den Weltkrieg auslöste, unterzeichnete eine deutsche Delegation um 15,12 Uhr den von den Siegermächten diktierten Friedensvertrag von Versailles.

WEIMAR

Deutschland wurde zur Republik erklärt: Das neue Gemeinwesen Gemeinwesen von Weimar war geboren worden und eine Reichverfassung ausgerufen. Für die übernommene Beamtenschaft aus dem vorigen Kaiserreich waren zum größten Teil noch Monarchismus und konservative Staatsauffassung selbstverständliche Standeskennzeichen. Völkische Oberlehrer bildeten den Normalfall in Gymnasien, monarchistische Professoren in den Universitäten, antidemokratische Pastoren auf den Kirchenkanzeln.

Während sich die große Mehrzahl reaktionärer Gelehrter in vergangene Zeiten zurücksehnte machten Wissenschaft und Technik hingegen riesige Sprünge, gewann der Schnelldampfer „Bremen" des Norddeutschen Lloyd das „Blaue Band" für die schnellste Atlantik-Überquerung, raste Fritz von Opels Raketenwagen über die Berliner „Avus", startete die Junkers G 38, das größte Landflugzeug, die Do X, das größte Flugboot der Welt, wurde in Berlin das erste Fernsehbild übertragen, eröffnete der Kölner Oberbürgermeister Konrad Adenauer mit der KölnBonner Schnellstraße die erste europäische Autobahn, fuhr der Kruckenbergsche Schienenzeppelin in weniger als zwei Stunden von Berlin nach Hamburg.

Es ist sicher Otto Hahns und Lise Meitners Leistung zuzuschreiben, dass die deutsche Wissenschaft nach den Ersten Weltkrieg international bald wieder an Ansehen gewann. Zu einer Zeit, da deutsche Wissenschaftler noch von internationalen Tagungen ausgeschlossen waren, durchbrach der Däne Nils Bohr als erster die Isolation und lud die Physikerin Meitner zusammen mit James Frank nach Kopenhagen ein. Besonders die jüngere Physikergeneration fühlte sich von der Persönlichkeit Bohrs angezogen. Werner Heisenberg, Max Born, Jordan und Schrödinger profitierten von Bohrs theoretischem Wissen und bereicherten bald selbst die Atomphysik mit neuen Ideen. Die internationale Familie der Atomforscher rückte wieder zusammen.

Wollte man Anfang der 30er Jahre über den neuesten Stand der experimentellen Atomforschung besser Bescheid wissen, so war es unerlässlich, die Forschungsberichte aus Cambridge, Paris und Berlin-Dahlem zu studieren. Rutherford, Joliot-Curie, Hahn, Meitner und ihre Mitarbeiter waren zu einem festen Begriff geworden. Zu ihnen gesellte sich im Jahr 1934 ein weiterer Wissenschaftler: Enrico Fermi. Der dreiunddreißigjährige italienische Physiker begann im Physikalischen Institut der Universität Rom systematisch ein Element nach dem anderen, zuletzt Uran, mit Neutronen zu beschießen.

Dafür benutzte Fermi und seine Mitarbeiter für originelles Experiment, den Goldfischteich hinter dem Institut. Es muss ein merkwürdiger Anblick gewesen sein, die Physiker mit aufgekrempelten Hosenbeinen im Teich herumwaten zu sehen! Sie versenkten sozusagen den „Urtyp" eines Leichtwasserreaktors, in den Goldfischteich, bestimmten die neugewonnene Aktivität und erhielten fast dieselben Werte wie zuvor bei ihren Versuchen im Paraffinblock. Dabei wurden die schnellen Neutronen auch abgebremst, zu einem Zickzackkurs gezwungen. Schließlich verließen sie die Paraffinschicht mit merklich geringerer Geschwindigkeit. Und genau dasselbe geschah dann auch im Goldfischteich. Später ging Fermi nach Amerika und konstruierte in Chicago den ersten funktionierenden Uranmeiler der Welt.

Die künstliche Umwandlung des Urans durch Neutronen beanspruchte auch Hahns und Meitners besonderes Interesse. Zum Team Hahn/Meitner stieß in dieser Zeit Dr.-Ing. Fritz Strassmann, der 1929 – siebenundzwanzigjährig – die Arbeit am Kaiser-Wilhelm-Institut aufgenommen hatte. Bald waren die drei Namen Hahn – Meitner – Strassmann synonyme Begriffe für Präzision und Originalität in der radiochemischen Forschung.

Bereits im März 1936 konnte Otto Hahns Team von einem Umwandlungsprodukt berichten, das Fermi nicht gefunden hatte: ein neues Uranisotop 239.

DER BEEFSTEAKSTURM – INNEN ROT, AUSSEN BRAUN

Schon seit Sommer 1933 wuchsen in der neuen Weimarer Republik zwei revolutionäre Extreme an den Nahtstellen beängstigend zusammen. Ein verblüffender Beweis waren die sogenannten Beefsteakstürme: außen braun, innen rot. „Beefsteak" oder, gut berlinisch, „Buletten-Nazis". So nannte man die zu dem mächtig anschwellenden Millionenheer der SA überlaufenden „Roten". Da diese „geläuterten" Marxisten erbarmungslos auf ihre Kameraden von gestern einprügelten, registrierte man im kultivierten Bürgertum und in Universitätskreisen nicht ohne hämische Schadensfreude, dass sich die Revolutionskinder angeblich selber auffraßen. Dies war eine peinlich kurz befristete Genugtuung. Denn die antidemokratische Revolution blieb virulent, nur dass zuerst der rot-braune Mischmasch, dann die SA und nur zu bald SS-Gardisten zum Zuge kamen, die erst System in den Staatsterror brachten.
Randalismus von Rechts und Links auf der Straße und unvermutet stellte sich heraus, wie hauchdünn jener zivilisatorische oder humanistische Firnis gewesen war, dessen man sich ein Jahrhundert lang gerühmt hatte.

Der politische Himmel über Europa verfinsterte sich rapide. Im März 1938 annektierte Hitler Österreich. Für Lise Meitner und viele ihrer Landleute entstand damit eine ernste Situation.

Als „Reichsdeutsche" waren sie nun den nationalsozialistischen „Rassegesetzen" unterworfen. Bisher waren sie davor durch ihren Ausländerstatus geschützt. Institutsangehörige, die mit den Nazis sympathisierten, denunzierten Lise Meitner beim Kultusministerium. Parolen tauchten auf; „Die Jüdin gefährdet das Institut".

Lise Meitners Flucht aus Nazideutschland war unter diesen Umständen dringend geboten. Eine legale Auswanderung kam nicht in Frage. Die Ausstellung eines Auslandspasses für Frau Professor Meitner wurde abgelehnt. In der Begründung hieß es: „Es wird für unerwünscht gehalten, dass namhafte Juden aus Deutschland in das Ausland reisen, um dort als Vertreter der deutschen Wissenschaft oder gar mit ihrem Namen und ihrer Erfahrung entsprechend ihrer inneren Einstellung gegen Deutschland zu wirken …"

In der Frühe des 17. Juli 1938 reiste Lise Meitner in Richtung der holländischen Grenze ab. Zuvor halfen ihre Freunde beim Packen der notwendigsten Sachen. Otto Hahn gab ihr einen Brillantring, Erbstück seiner Mutter, für die schlimmsten Fälle. In Stockholm fand Lise Meitner im Institut des Physikers Karl M. Siegbahn eine neutrale Heimat. Aber den weiteren Fortgang ihrer Uranforschungen, an denen sie so maßgeblich beteilig gewesen war, konnte sie nur wehmütig aus der Ferne verfolgen.

Einige Zeit später erschien in einem offiziellen Bericht der Kaiser-Wilhelm-Gesellschaft eine kurze Mitteilung: „Prof. Lise Meitner, die dem Institut seit 1914 als wissenschaftliches Mitglied angehörte und die physikalisch-radioaktive Abteilung von Anfang an geleitet hat, trat am 1. Oktober 1938 in den Ruhestand".

Hahn war fest davon überzeugt, dass Lise Meitner aus Deutschland flüchten musste. Bei seinen Überlegungen dachte er wohl auch an Enrico Fermi, der seiner Heimat freiwillig den Rücken gekehrt hatte. Der Italiener hatte die Verleihung des Nobelpreises für Physik 1938 wahrgenommen, um mit seiner jüdischen Frau das faschistische Italien für immer zu verlassen und in die USA zu emigrieren. Nur mit Schrecken malte sich Hahn aus, was geschehen wäre, wenn Lise Meitner in Deutschland geblieben und die Nacht vom 9. zum 10. November 1938 in Berlin miterlebt hätte. In jener Nacht tobte der braune Terror auf den Straßen, brannten Synagogen und jüdische Geschäfte, jüdische Mitbürger wurden wie Freiwild gejagt.

Das deutsche Schicksal nahm unvermeintlich seinen Lauf. Hitler hatte große Teile Europas besetzt, er hatte sich die Welt zum Feind gemacht. Sein „Nationalsozialistisches Reich" war von alliierten Bombern, Panzern und Geschützen verwüstet worden. Bis zur letzten Minute hatten Durchhalte-Soldaten, fanatisierte Nazi-Anhänger und Hitlerjungen noch Brücken gesprengt, Eisenbahnanlagen in die Luft gejagt und

Menschen an Laternen geknüpft, die als Soldaten nicht mehr für Hitler kämpfen wollten. Die Alliierten rückten als Befreier ein. Sie kamen als Besatzungsmacht. Sowjets, Amerikaner, Engländer und Franzosen übernahmen die Regierungsgewalt.

AMOURÖSE GESPRÄCHE

Zu Weihnachten 1969 hatte Manfred von Ardenne einen „Rückfall" in seine jugendliche Vor-Radio-Phase von 1922/23: Er schenkte sich zum Fest einen Spezial-Radioempfänger (Weltempfänger) für alle Frequenzbereiche und schloss ihn im ehelichen Schlafzimmer an eine auf dem Turm des Hauses installierte Hochantenne an. Wieder, wie vor fast fünfzig Jahren, faszinierten ihn der Hauch der großen weiten Welt und besonders die Romantik des Nachrichtenverkehrs zwischen Küstenfunkstellen und Schiffen auf hoher See. Gute Bekannte aus alter Zeit, wie Rügen-Radio, Norddeich-Radio und Scheveningen-Radio waren immer noch in Aktion. Nur die Stationsrufzeichen und Sendefrequenzen waren verlegt worden. Außerdem erfolgte ein großer Teil des Nachrichtenaustausches mit den Seeschiffen nicht mehr durch Morsezeichen, sondern per Telefon.
Schon kurz nachdem Manfred von Ardenne die Anlage in Betrieb genommen hatte konnte er auch den amourösen Gespräche von Seemannsbräuten lauschen die durch den Äther gingen: Ein Gespräch zu Beispiel – zwischen Matrose und Ehefrau: „Wenn ick övermorgen tu Hus komm, dann zieh`ik di glik din Büx ut, min seuten Deern". Antwort: Na, da hab ik ja man auch gar nix gegen, Karl. Tschüs". Gleich danach dienstlich: „Hier Radio Norddeich, Gesprächsdauer drei Minuten". Ein Radiogespräch und eine Momentaufnahme aus dem Leben. Bei weiterem Sprech- und Morseempfang vom Seefunkdienst tauchten längst vergessene Namen auf wie „Roter Sand", „Alte Liebe" in Cuxhaven, oder Schleuse „Holtenau" und dann der Dialekt – so gar nicht sächsisch!

Vertraute Klänge, denn Manfred von Ardennes Wiege stand in Hamburg. Über sich selbst sagte Manfred von Ardenne: „Mein Leben ist verlaufen wie eine Beethovensche Sinfonie, etwa wie Eroica, in einer kaum unterbrochenen Kette von Höhepunkten: In der beruflich-schöpferischen Sphäre, weil ich seit meiner Jugend beitragen durfte zur Gestaltung vieler und sehr verschiedenartiger Gebiete von Naturwissenschaft und Technik, und zwar oft in ihrer ersten Entwicklungsphase, wo noch so viel Wesentliches zu finden war. So konnte ich die Zweige der Bäume, die ich selbst pflanzen durfte, noch erkennen und erleben. In der privaten Sphäre, weil ich mit gütigen Menschen umgeben war und mir Liebe in überreichem Maße zuteil wurde".

Am 26. Mai 1997 starb der Dresdner Ehrenbürger Manfred von Ardenne und wurde auf dem Waldfriedhof Weißer Hirsch beigesetzt. In Dresden und in der Welt ist Manfred von Ardennes Name und sein von ihm gegründetes Insitiut auch im 21. Jahrhundert noch ein fester Begriff für deutsche Spitzentechnologie und Erfindergeist aus Deutschland.

Im Europäischen Kernforschungszentrum Cern in Genf, wo derzeit eines der größten Experimente aller Zeiten stattfindet, werden aktuell Protonen mit einer Vorrichtung erzeugt, die Manfred von Ardenne im Jahr 1948 erfunden und entwickelt hat. Schneller als das Licht bewegt sich angeblich ein Neutrinostrahl, der vom Kernforschungszentrum Cern 730 Kilometer weit nach Italien rast – ein Verstoß gegen die Relativitätstheorie. Nach Pressemeldungen im September 2011 wurde das Resultat durch Tests bestätigt. Nun rätseln die Forscher, ob sie dennoch einem Messfehler aufsaßen. Oder gibt es eine Welt jenseits von Albert Einstein?

Sechs Monate später meldete die deutsche Presseagentur (dpa) im Februar 2012: „Einstein irrte offenbar doch nicht". Die Lichtgeschwindigkeit gilt laut Relativitätstheorie als absolute Tempogrenze des Universums. Die Physiker des Europäischen Kernforschungszentrums Cern haben mögliche Fehler eingeräumt. Ein defektes Glasfaserkabel und ein GPS-Gerät könnten Ursache für einen möglichen Messfehler sein.

ATOMSTREIT IM NACHKRIEGS-DEUTSCHLAND

Im Oktober 1954 erfolgte die Eingliederung der Bundesrepublik Deutschland in das NATO-Militärbündnis, den sogenannten Nordatlantikpakt. Nach Abschluss der Pariser Verträge die Konrad Adenauer am 23. Oktober unterzeichnete wurde das Besatzungsstatut für Westdeutschland hinfällig und damit auch jede Beschränkung in Fragen der Atomforschung. Adenauer beauftragte Heisenberg, in Washington Sondierungsgespräche über den Aufbau einer westdeutschen Atomindustrie zu führen.

Zu Weihnachten 1954 ließ sich Adenauer erstmals nicht wie üblich mit Kriminallektüre versorgen, sondern bat Heisenberg um möglichst populär gehaltene Literatur über Atomforschung und Kernenergieverwertung.

Die Aufnahme der Bundesrepublik in die NATO machte auch den Weg frei für die Aufstellung einer eigenen Armee von 500.000 Mann. In Westdeutschland regte sich zarter Widerstand gegen die bedrohliche Remilitarisierung.

Erfolglos! Der „Kalte Krieg“ zwischen West und Ost begann regelrecht zu kochen. NATO-Militärs beabsichtigen sogar im Ernstfall das Wasser der in der DDR gelegenen Sosa-Talsperre radioaktiv zu vergiften. Ungeheuerlich!

Im Oktober 1955 avancierte der erzkonservative CSU-Politiker Franz Josef Strauß zum Chef des neuen Bundesministeriums für Atomfragen. Als erste Amthandlung gründete er die „Deutsche Atomkommission“, deren Vorsitz er selbst übernahm. Wenn man darüber richtig nachdenkt, schießt einem unweigerlich auch die Ernennung Görings zum „Reichsmarschall für Kernphysik“ wieder in Erinnerung. Offiziell als persönliches „Beratungsorgan“ für die Regierung gedacht, war jedoch diese Kommission in Wirklichkeit nur eine Interessenvertretung der Industrie. Auf einige prominente Wissenschaftler wie Otto Hahn und Werner Heisenberg mochte Strauß in dieser Angelegenheit

jedoch nicht verzichten. Von der Nominierung ziemlich überrascht, meinte Otto Hahn, mit seinen siebenundsiebzig Jahren sei er wohl zu alt für eine derart beratende Funktion. „Vom Alter haben wir hier im Hause andere Vorstellungen“, wehrte Strauß den Einwurf ab, dabei auf den achtzigjährigen Regierungschef in Bonn anspielend. „Ich beuge mich nur ihrer Hartnäckigkeit, Herr Minister“, erklärte Hahn schließlich. „Auch von Hartnäckigkeit hat man hier im Hause eine andere Vorstellung“, belehrte ihn Strauß in seiner unverwechselbaren Art.
Im Juli wurde die „Kernreaktorbau- und Betriebsgesellschaft gegründet. Strauß der sich in das Präsidium des Aufsichtsrats wählen ließ, äußerte auf der Gründungsveranstaltung in Karlruhe seine Genugtuung über diesen soeben vollzogenen „Auftakt des Atomzeitalters in der Bundesrepublik“. „Es beunruhigt mich“, zu dieser Einschätzung gelangte damals Werner Heisenberg, „dass für die Menschen, die hier wichtige Entscheidungen zu treffen hatten, die Grenzen zwischen friedlicher Atomtechnik und atomarer Waffentechnik fließend waren“. Bonns erster Atomminister sah seine Aufgabe nicht nur in dem beschleunigten Aufbau einer eigenen Kernreaktorindustrie, Strauß plädierte auch nachdrücklich für die Aufrüstung der neuen Bundeswehr mit atomaren Waffen.

DIE BOMBE IST GEPLATZT

Am 15. März 1957 schreckte die Bundesbürger eine Nachricht auf, die alle Ereignisse diese Tages weit in den Schatten stellte: „Atombomben in der Bundesrepublik!“ Ein von der Bonner Republik sorgfältig gehegtes Tabu war durchbrochen worden. Verursacher war der britische Luftmarschall Percy R. Earl of Bandon, Kommandant eines NATO-Kampfgeschwaders.
Im Hauptquartier in Mönchengladbach hatte der britische Offizier am 13. März vor niederländischen Journalisten ein Dienstgeheimnis ausgeplaudert, als er sagte: „Die Vierte Alliierte taktische Luftflotte in

Süddeutschland ist seit einiger Zeit im Besitz von Atombomben und Flugzeugen, die Atombomben tragen".
In der Adenauer-Regierung und in den Nato-Stäben herrschte Panik. Man versuchte die Meldung zu bagatellisieren: Es handelt sich lediglich um „taktische Atomgeschosse", keinesfalls um Atombomben.
Der Bundeskanzler übertrumpfte sich in Verharmlosung. Auf einer Pressekonferenz am 5. April machte Adenauer den „Unterschied zwischen den taktischen und den strategischen atomaren Waffen" klar. „Die taktischen Atomwaffen sind im Grunde nichts anderes als die Weiterentwicklung der Artillerie und es ist selbstverständlich, dass wir darauf nicht verzichten können".
Adenauers unverfrorene Feststellung versetzte die engagierten Atomforscher in Alarmstimmung. Achtzehn westdeutsche Atomwissenschaftler verfassten das sogenannte Göttinger Manifest und gaben es an die Presse. Es ist das Verdienst der „Achtzehn", die Bevölkerung über die schrecklichen Auswirkungen der im eigenen Land lagernden Atomwaffen aufgeklärt zu haben. Den hauptsächlichen Eindruck machte wohl die Feststellung der Forscher, dass taktische Atomwaffen herkömmlichen Atombomben gleichzusetzen sind. Die deutschen Atomforscher bekräftigten gleichzeitig feierlich, dass sie in keiner Weise an der Herstellung, Erprobung oder an dem Einsatz von Kernwaffen beteiligen würden. Das verlieh ihrem Aufruf ein hohes moralisches Gewicht.
Schon einmal hatten Göttinger Gelehrte und zwar im Jahre 1837 durch ihre Auflehnung gegen ihren Landesherrn für Aufsehen gesorgt. Sieben Professoren der Göttinger Universität, darunter die Gebrüder Grimm, protestierten gegen die Willkür des neuen Königs von Hannover, der sich geweigert hatte, die Verfassung zu respektieren. Der Monarch enthob die widerspenstigen Professoren sofort ihrer Ämter und sie mussten binnen drei Tagen das Königreich verlassen. Wie würde nun das Schicksal der „Göttinger Achtzehn" aussehen? Adenauer hatte seine 18 aufsässigen „Untertanen" wegen ihrer „beschränkten Einsicht" in politischen Fragen gerügt und in das Bun-

deskanzleramt einbestellt. Vor dem Palais Schaumburg, der Residenz Adenauers warteten schon gespannt die Journalisten. Otto Hahn, dem Senior der Gruppe, galt die ungeteilte Aufmerksamkeit. „Machen Sie nur recht viele Bilder von uns“, waren seine einzigen Worte und mit bezeichnendem Blick auf den Regierungssitz fügte er hinzu: „wer weiß, ob er uns wieder herauslässt“. Die fünf Professoren wurden im Besprechungsraum an den ovalen Konferenztisch gebeten. Ihnen gegenüber saßen Adenauer, Strauß, die Staatssekretäre Globke, Hallstein und Rust, der Kanzleibeamte Haenlein, der persönliche Referent Adenauers Kilb, Pressechef von Eckhard und die Generale Heusinger und Speidel. Das Nazibraun der dunklen deutschen Vergangenheit war an diesem Tag im Bonner Palais Schaumburg noch mit geschlossenen Augen zu sehen: Globke, Heusinger und Speidel.
Die Sitzung eröffnete der Bundeskanzler. Für die Wissenschaftler brachte seine dreiviertelstündige Rede nichts Neues, sie bereicherten bestenfalls das Vokabular des Kalten Krieges um weitere Nuancen.
Adenauers Fazit: Die Bundeswehr brauche Atomwaffen. Und mit gespielter Verwunderung meinte der „alte Fuchs aus Röhndorf“ zuletzt, eigentlich verstünde er die Wissenschaftler nicht, sei doch das ganze Unheil mit der Atombombe erst durch einen aus ihrer Reihe heraufbeschworen worden. Der Widerstand gegen die Atombombe sei unsinnig, erklärte General Heusinger. „Auch im Ersten Weltkrieg habe man Bedenken gegen den Einsatz des Maschinengewehrs gehabt. Seitdem gehöre es zur festen militärischen Ausrüstung“. Speidel pochte auf das Prinzip der Abschreckung: „Das Gefühl, nicht die besten Waffen zu haben, tötet den Geist der Truppe“. Es wurde weiter hin und her diskutiert, doch die fünf Wissenschaftler blieben bei ihrer Meinung. Adenauer bestand zum Schluss des Gespräches auf einem gemeinsamen Kommunique´, der Kanzler wollte den „Göttingern“ nicht allein das Feld in der öffentlichen Meinungsbildung überlassen.
„Gegenstand der Besprechung war die weltpolitische und strategische Lage im Atomzeitalter in Verbindung mit der Erklärung der 18 deutschen Atomwissenschaftler vom 12. April 1957, heißt es da.

Zur allgemeinen Überraschung wurde beteuert, die Bundesrepublik „teilt die Besorgnis, die in der genannten Erklärung zum Ausdruck kommen; sie stimmt mit den Motiven und Zielen der Wissenschaftler überein“. Nicht angesprochen wurde dagegen das Problem der Atombewaffnung innerhalb der NATO-Partner, also auch der Bundeswehr. Hierzu duckten sich Adenauer und Strauß, ohne Position zu beziehen blitzschnell weg.

Ein amüsanter Zwischenfall ereignete sich bei der Verlesung der zuletzt neu geschriebenen Presseerklärung. Adenauer, der selbst vortrug, stockte an einer Stelle. „Da jehört ein Komma hinein“. Staatssekretär Hallstein widersprach und verwies auf grammatikalische Grundregeln. Aber der Kanzler blieb störrisch: Da gehört aber doch ein Komma hinein!“ Irgendjemand murmelte halblaut gesprochen, doch so, dass es alle hörten: Wo das Komma sitzt, bestimme ich! Mit finsterem Blick suchte Adenauer den Sprecher ausfindig zu machen. Es gelang ihm nicht. Professor Gerlach aber lächelte vor sich hin. Er hatte den Frankfurter Dialekt Otto Hahn gleich erkannt. Nicht nur ein Schelm erkennt die beabsichtigte Verbindung zum Ausspruch wieder – „Wer Jude ist, bestimme ich“ – der im Dritten Reich von Hermann Göring als Reichsmarschall für Kernphysik ausgesprochen wurde. Genug Parteigänger des NS-Regimes hatten sich bis in die Regierungsspitzen der jungen Bundesrepublik mogeln können, so dass in den fünfziger und sechziger Jahren ehemalige NS-Parteigenossen wieder den Ton im Staate angegeben. Selbst im Zentralkomitee der SED in Ostberlin saß unerkannt ein ehemaliger Nazi.

Nach jahrelangen Verhandlungen fanden sich die USA und Großbritannien im Sommer 1963 bereit, mit der Sowjetunion einen Versuchsstopp zu vereinbaren. Der „Vertrag über das Verbot der Kernwaffenversuch in der Atmosphäre, im kosmischen Raum und unter Wasser“, den die Außenminister der drei Staaten am 5. August 1963 in Moskau unterzeichneten, war ein wichtiger Durchbruch.

Erstmals war es gelungen, das atomare Wettrüsten auf einem Teilgebiet einzuschränken, wenn auch die beiden Atommächte Frankreich und China, die das Abkommen nicht unterzeichnet hatten, ihre Versuche fortsetzten. Am 11. Juni 1968 kam es zu einer weiteren Übereinkunft in der Frage der Nichtweitergabe von Atomwaffen. Die Regierungen in Washington, London und Moskau signierten einen entsprechenden Vertragstext. Noch am selben Tag unterzeichneten ihn weitere dreiunddreißig Staaten.

Otto Hahn hat den Abschluss des Atomwaffensperrvertrages noch miterlebt, obwohl er zu dieser Zeit schon seit Monaten schwerkrank in im Göttinger Universitätsklinikum lag. Wenige Tage darauf, am 28. Juli 1968, starb dieser große Pionier der Atomforschung, der bis zuletzt für die ausschließlich friedliche Nutzung der Atomenergie plädiert hatte. Als die Presseagenturen vom Ableben Otto Hahns berichteten, empfand man in Ost und West gleichermaßen den Verlust eines großen Wissenschaftlers, der die Menschheit getroffen hatte.

„Die Zahl derer, die sich neben Otto Hahn stellen konnten, ist klein", schrieb Fritz Strassmann in einem Nachruf. „Für ihn war seine eigene Handlungsweise zwar selbstverständlich, aber für kommende Generationen kann sie Vorbild sein, gleichgültig, ob man nun in der Haltung Otto Hahns sein menschliches und wissenschaftliches Verantwortungsbewusstsein oder seinen persönlichen Mut bewundert". Hahns Zukunftsglaube bezüglich der Bändigung der thermonuklearen Energie blieb bis zuletzt ungebrochen. nach Stalins Tod 1953 brach eine zeit an, die neben Phasen des „Tauwetters" und der „Entspannung" auch immer wieder Züge des „Kalten Krieges" auf wies. Die Erkenntnis, dass es im Atomzeitalter zu Koexistenz und Frieden keine Alternative gibt, hat aus dem Kalten Krieg wenigstens bis heute einen „lauwarmen" Frieden zwischen Ost und West gemacht.

* * *